La **petite histoire** des
Grandes Gueules^{MC}
à la **radio**

Guide simplifié
des personnes et moments importants

Ce livre est dédié à **Léodore Clairoux**, mon grand-père.

Pour moi, tu étais l'un des plus beaux humains qu'il m'a été donné de connaître dans ma vie.

Ta joie de vivre demeurera gravée dans ma mémoire à tout jamais.

Idée originale et rédaction
Jean-Pierre Clairoux, Gérant des Grandes Gueules
info@radar.qc.ca

Conception, illustration et mise en page
Les studios REDBOX inc.
www.redboxstudios.com
Illustration des micros : Martine Gamache

Éditeur
Radar International Inc.
C.P. 30, succursale Eastman, QC
J0E 1P0

www.grandesgueules.com

Préface

Tout un travail que d'essayer de relater l'histoire des Grandes Gueules à la radio. Quinze ans de rire, de passion et d'anecdotes en si peu de pages...

Il s'est passé tellement de choses, il faudrait bien un jour raconter leur grande histoire parce que, croyez-moi, il y en a une. Cela fera peut-être partie de mes projets de retraite, mais pour l'instant, je vais me concentrer sur les faits marquants de cette extraordinaire aventure qu'a été le passage à la radio de Mario et José. Je les considère, à ce jour, comme deux des plus grands humoristes du Québec évoluant dans cet univers extraordinaire qu'est la radio.

Je tenterai de le faire de mon mieux, étant bien humblement celui qui a été le plus près d'eux pendant toutes ces années.

José et Mario vivent le rêve de plusieurs. En effet, faire partie de la colonie artistique, travailler dans un domaine que l'on aime, à faire ce que l'on aime, avec des gens que l'on aime, tout en gagnant bien sa vie... C'est un rêve que plusieurs souhaiteraient avoir la chance de vivre. Cette situation est exceptionnelle, mais ce qu'il y a de plus merveilleux encore c'est que le « *vedettariat* » ne les a pas changés. Ils sont demeurés les mêmes : deux bons gars, et ce, peu importe les circonstances où nous avons la chance et le bonheur de les côtoyer.

Jean-Pierre Clairoux
Gérant et ami des Grandes Gueules

Table des matières

Préface 7

Table des matières 9

Leurs débuts 13
    Notre premier contact professionnel 16
    José et Mario à la maison 17
    L'appel à minuit le soir 18
    Mon premier mandat de gérance 19
    Les Grandes Gueules VOL 94,3 22
    Ma première négociation de contrat avec Énergie 22
    Le réseau 25

Les Grandes Gueules, c'est des gars de radio... 27
    Un peu d'histoire… 28
    Une entrée fracassante… 30
    CD édition spéciale limitée – Spectrum de Montréal 31
    Les Grandes Gueules Le Show 31
    La couverture de presse… 31
    Un Félix ? 33
    Le Saint-Denis 33
    Alma et Saint-Jean, si loin et si proche… 35
    Les Grandes Gueules Le Show (VHS/CD) et (DVD/CD) 39
    Les Grandes Gueules Le Disque 41
    Le spectacle à la télé 42
    Un genre de biographie 43

L'histoire d'Angélil 45
    Le 10 septembre 2002 46
    Le 11 septembre 2002 50
    Le 12 septembre 2002 : 07 h 00 50
    Un bien triste 11 septembre 51
    Une tournure inespérée ! 54
    Le 14 septembre 2002 56
    Le 16 septembre 2002 56
    Le 19 septembre 2002 56
    Le 25 octobre 2002 58
    Le 2 mars 2003 59
    En conclusion 61

Les Grandes Gueules – Poursuite 63

Y'a rien comme jouer « live » devant le public 65

La radio-spectacle 66

Les Grandes Gueules Live 68

Les Grandes Gueules Live 2 69

La base du succès des Grandes Gueules 71

José le politicien 72

Mario le guerrier passionné 74

Les Grandes Gueules : un couple ! 76

Frères cosmiques ? 77

Tricotés serrés 78

L'équipe 79

Le respect des fans 80

Les paradoxes – tout remettre en question 82

Le « teamwork » et ses règlements 83

La radio – Les beaux moments 99

1 000 000 d'auditeurs ! 100

Les Rock Machine 100

La conférence de presse 100

Le 5ᵉ anniversaire 101

Le 10ᵉ anniversaire 102

Tom Jones en direct 103

Le père de Martin Deschamps 103

José accouche en ondes 104

Mario accouche en ondes 105

250 000 $ pour une bonne cause 105

Les parodies 107

Les invités 108

www.grandesgueules.com 109

Une journée typique 109

Les extras 115

Laisser la radio 117

Une première fois 118

Pour vrai 119

Le 15ᵉ anniversaire 124

Autres moments importants 127
Surprise sur prise.. 128
Prêt Plus... 128
Le téléthon des Étoiles.. 129

Souvenirs et notes personnelles 131
Les Grandes Gueules changent de nom 132
Les plans marketing... 132
L'accident 134
Les cadeaux de Noël 136
La Porsche de José.. 137
Jean-Marc Parent.. 138
Monsieur l'huissier est choqué...................................... 140
José est malade – Ciao Darwin...................................... 140
La naissance d'Enrique... 142
Les fans… sont fous !... 143

Les animateurs radio... 147

Les personnages 153

Les honneurs 167

Discographie... 171

Lexique 173

Remerciements.. 177

Annexes 183
Annexe 1 : Les Grandes Gueules VOL 94,3 184
Annexe 2 : CD édition spéciale limitée – Spectrum de Montréal ... 186
Annexe 3 : Les Grandes Gueules Le Show 188
Annexe 4 : Les Grandes Gueules Le disque 190
Annexe 5 : Les Grandes Gueules Poursuite 192
Annexe 6 : Les Grandes Gueules Live.............................. 194
Annexe 7 : Les Grandes Gueules Live 2............................ 196

Leurs débuts

J'ai rencontré José et Mario alors que je travaillais comme représentant à Radio Énergie. À cette époque, ils commençaient au micro, la situation était d'ailleurs assez comique.

La station venait de subir une de ses plus grosses raclées au niveau de ses performances BBM (Bureau of Brodcast Measurement, sondages radio) et très peu d'options s'offrait à elle afin de combler des postes d'animateurs puisque, c'est bien connu, personne n'a le goût de travailler pour un perdant.

Josélito Michaud, leur gérant* de l'époque, avait donc réussi à obtenir une audition pour ses jeunes protégés, ce qui était, dans ces circonstances, un exploit de taille ! Il faut dire qu'habituellement, le monde de la radio est bourré de paradoxe. C'est-à-dire qu'on n'engage pas de débutants directement pour une station de Montréal, ils doivent d'abord faire leurs classes en région. Mais, comme vous le verrez tout au long de l'histoire, les Grandes Gueules ne prennent jamais le chemin habituel pour se rendre à destination.

Après un premier démo (un test enregistré servant à évaluer les performances et qualités du candidat), le verdict était rendu : ils ne sont pas prêts, ce n'est pas bon. Josélito demande, presque à genoux, de leur donner une deuxième chance. Les dirigeants de la station la lui accordèrent, n'ayant que très peu d'options de toute façon !

C'est à ce moment qu'une rencontre importante se produisit… Mario Lirette, alors animateur-vedette de la station et qui passait par-là par hasard, s'offrit afin de leur faire passer l'audition. Celle-ci s'est passée en après-midi si mon souvenir est bon.

Mario Lirette est une légende vivante de la radio, orateur hors-pair, il a cette faculté de rendre n'importe quoi, ou n'importe qui, intéressant. Il rencontre donc Mario et José et leur dit : « *Vous autres les p'tits gars, si vous réussissez à faire rire mononcle, vous allez avoir une job icitte !* » C'est ainsi que Mario et les gars s'installèrent dans un tout petit studio et simulèrent une émission de radio. Mario Lirette avait bien compris le potentiel de Mario et José, formant le duo Les Amuse-Gueules à l'époque. Il se présenta donc dans le bureau de ses patrons et leur demanda de pouvoir les « essayer ».

Mario Lirette et les Amuse-Gueules

Le soir même, les Amuse-Gueules faisaient leur entrée à la radio, Mario Lirette leur donna un conseil des plus importants juste avant la mise en ondes : « *rentrez-moi dedans, laissez vous aller, je vais vous ramasser si ça ne marche pas…* ». Vous comprendrez qu'avec rien à perdre, nos Amuse-Gueules ont profité pleinement de cette consigne. C'est ainsi que commença cette extraordinaire aventure.

Notre premier contact professionnel

À cette époque, j'occupais un poste de représentant pour CKMF. Mes fonctions étaient plutôt simples : je devais trouver des clients annonceurs et les convaincre d'investir de l'argent dans la station afin de diffuser de la publicité. Simple dans le format, mais pas aussi simple que cela dans l'application. La guerre était féroce entre les stations de radio : CKMF diffusait à Montréal avec une antenne de 40 000 watts et son compétiteur principal CKOI, avec une antenne de 300 000 watts. CKMF avait connu ses heures de gloire avec le disco et était maintenant en repositionnement musical et venait de manger la raclée de sa vie au niveau des résultats de sondages.

Comme mes confrères, je devais donc utiliser toutes les ressources nécessaires afin de convaincre les annonceurs d'acheter et ce n'était pas de tout repos… En effet, les annonceurs n'aiment pas acheter de la publicité sur une station qui est en pente descendante. Lorsque ceux-ci annoncent à la radio, ils veulent rejoindre le plus de gens possible, ils en veulent pour leur argent. Puisque les cotes d'écoute n'étaient pas au rendez-vous, il fallait que les représentants, dont j'étais, soient imaginatifs et trouvent d'autres points forts afin de convaincre les annonceurs.

C'est justement afin de convaincre un de mes clients (Burger King) que j'ai eu mon premier contact professionnel avec José et Mario. Afin de conclure ma vente, je voulais utiliser la voix des Amuse-Gueules pour annoncer le produit. Gérant oblige, je suis donc entré en contact avec Josélito afin d'organiser une rencontre avec les gars. À ce jour, ils n'avaient pas encore prêté leur voix pour de la publicité et Josélito n'était pas chaud à l'idée. Lors de notre rencontre, nous en sommes tout de même finalement venus à une entente moyennant quelques dollars… C'est ce qui fut notre première vraie rencontre professionnelle.

Afin de vendre à un autre de mes clients (Lit d'eau National), j'ai eu une idée, probablement inspirée des années 70, où nous faisions des marches, des berç-o-thon et des occupations de locaux afin de revendiquer tout ce qui ne faisait pas notre affaire. Cette idée était de faire un *bed-in*…

Bed-in Lit d'eau National

Photo : Archives personnelles

L'idée était fort simple, les Amuse-Gueules accompagnés de Mario Lirette, passeront quelques jours couchés dans une succursale de *Lit d'eau National*, plusieurs artistes viendront leur rendre visite, ils feront des interventions sur les ondes de la radio et les auditeurs pourront venir les voir sur place. Le client était ravi de l'idée, ce qui me permit de faire ma vente. Mais surtout, c'est cette opération qui, je crois, a donné naissance à une grande amitié en devenir entre José, Mario et moi.

José et Mario à la maison

Peu de temps après, possiblement pour les remercier, j'invitais José et Mario à souper à la maison. J'ai souvenir de leur avoir demandé ce qu'ils voulaient manger : du steak. Le soir venu, je les ai reçus à la maison et je leur ai servi un steak de dimension *Flintstone* et je me souviens encore de leur commentaire : « *Té un maudit malade toi !* ». J'avais en effet un peu exagéré sur le format et je crois qu'à cette époque, ils ne mangeaient pas de steak très souvent... Ce n'est pas très payant les débuts dans le showbiz ! C'est peut-être aussi lors de ce premier souper qu'ils ont été vraiment initiés au bon vin, qui est par la suite devenu une passion commune, mais ça, c'est une autre histoire ! Je pourrais écrire un livre qui ne porterait que sur les soupers et les bouteilles mémorables que nous avons bu.

L'appel à minuit le soir

J'étais bien couché et endormi un soir de semaine alors que le téléphone sonne et me réveille, il est minuit... Je dois admettre que je déteste me faire réveiller par le téléphone, cette mauvaise habitude date sûrement de l'adolescence. Je me souviens encore de la sonnerie du téléphone qui m'avait réveillé pour nous annoncer le décès de mon grand-père, que j'aimais tant. Mais revenons à l'histoire, c'est José au bout du fil :

(José)	« *Eille le grand, y faut que je te parle...* »
(Moi)	« *Est-ce que ta mère est morte ?* »
(José)	« *Non, pourquoi ?* »
(Moi)	« *Ben, rappelle demain et on se parlera, il est minuit !* » *Puis je lui raccroche au nez. Le téléphone re-sonne...*
(José)	« *Il faut que je te parle...* »
(Moi)	« *Bon qu'est-ce qu'il y a qui ne peut attendre demain ?* »
(José)	« *Il faut que tu t'occupes de nous autres* » *(ils venaient de conclure la fin de leur entente avec Josélito qui était leur gérant de l'époque) ;*
(Moi)	« *Écoute José on va en reparler demain, je dormais, il est minuit, on va s'entendre sur une règle simple toi et moi, la règle du 10-10... T'appelles pas*

avant 10 heures du matin, t'appelles pas après 10 heures du soir OK ? Je te rappelle demain et on en reparle. »

Je ne me souviens pas exactement du moment où cette conversation a eu lieu, mais en voici le résumé :

J'explique à José et Mario que je n'ai pas le temps ni les connaissances pour m'occuper de leur carrière. Ils me répondent que j'étais déjà en affaires dans un domaine connexe et qu'ils avaient besoin d'aide, de toute façon ce ne serait que temporaire. *« Temporaire, temporaire, ouin, je veux bien vous donner un coup de main, mais ne tardez pas trop à trouver quelqu'un, c'est pas mon job, moi la gérance d'artistes... »*

Je venais de lancer une nouvelle entreprise, une agence de publicité et je travaillais de longues heures. Le moment était donc mal choisi d'ajouter une nouvelle corde à mon arc, la gérance d'artistes. Mais comment dire non à des amis dans le besoin ?

Avec le temps, Mario et José sont devenus des artistes accomplis et aussi des hommes d'affaires avertis, mais il y a une qualité qu'ils avaient et ont toujours eu en eux : l'instinct.

Je crois qu'ils savaient très bien que ce n'était pas « en attendant de trouver quelqu'un d'autre », il n'y avait que de « temporaire » le temps de s'apprivoiser ou plutôt que j'apprivoise l'idée.

Mon premier mandat de gérance

J'entre donc en fonction et commence à travailler avec eux sur le premier mandat : l'album VOL 94,3.

VOL 94,3 est le premier album des Grandes Gueules, il est constitué de sketches et chansons humoristiques.

L'enregistrement se faisait dans un studio de la Rive-Sud avec Guy Rhéaume. Guy avait réalisé plusieurs albums, il nous avait été présenté et suggéré par Guy Cloutier, qui lui était le producteur de VOL 94,3. Malgré le fait que Guy Cloutier était un producteur de renom, je dois admettre que je n'avais pas vraiment d'atomes crochus avec lui, mais nous n'avions pas vraiment le choix, il était le « beau-père » de José à cette époque... José étant fiancé à sa fille Véronique.

Les gars commencèrent donc l'enregistrement de l'album, j'allais faire mon tour régulièrement pour voir comment cela se passait et agir un peu aussi comme *coach*. Je suis musicien à mes heures, je possède un studio d'enregistrement personnel depuis que j'ai décidé de ne pas poursuivre ma « carrière » en musique à l'âge de 18 ans. La musique a toujours eu une place importante dans ma vie et l'aura toujours.

Mario a une voix puissante, mais chante un peu *flat*, il chante une note, mais ne l'atteint pas exactement, comme un piano qui a besoin d'être accordé, mais à peine. José, quant à lui, chante juste, mais chante du nez. Nous avons donc repris plusieurs enregistrements afin d'arriver à un produit présentable, il faut dire que c'était aussi leur première expérience en studio comme chanteurs, ils ont pris beaucoup d'expérience depuis. Nous étions concentrés à s'assurer de fournir un enregistrement de qualité, et honnêtement, ne connaissant pas grand-chose au domaine, nous avions oublié de vérifier un aspect important de la production d'un album : les droits d'auteurs.

Nous avons donc dû *scrapper** une partie des enregistrements parce que nous n'arrivions pas à avoir les droits d'utilisation. Allez donc expliquer à un Américain et le convaincre de vous permettre d'utiliser son œuvre, que vous vouliez chanter n'importe quoi sur l'air de sa composition et que ce soit drôle... Vous comprenez sûrement que c'est peine perdue !

Nous avons tout de même réussi à le faire avec une des pièces de l'album. Je ne me souviens pas exactement comment nous y sommes arrivés, mais la pièce *Love is in the shrung* est la seule du style ayant survécu à l'aventure. Sur l'air de la chanson *Love is in the air*, les gars chantaient toutes sortes de mots pas rapport, comme deux imbéciles qui se croient *hot** ! L'idée était bonne et le produit comique, à bien y penser c'est peut-être l'ancêtre du karaoké !

Photos : Michel Gagné

Lancement VOL 94,3 / Arrivée en avion

Le lancement de cet album n'était pas banal non plus... Les gars sont arrivés en avion sur la rue Sainte-Catherine. Après ce lancement, ils ont pris la route vers le magasin Archambault Musique, toujours sur la rue Sainte-Catherine et ont passé la nuit couché dans un *Winnebago**. Ils ont rencontré des auditeurs toute la soirée et toute la nuit... Ils voulaient être les premiers à acheter leur disque à sa sortie en magasin !

Anecdote : à ce jour, cet album (je touche du bois !) est le seul qui n'a pas gagné un Félix, il n'a d'ailleurs même pas été en nomination... L'équipe de Guy Cloutier avait oublié de le présenter. Pire, si je me souviens bien, cette année-là, il manquait un album pour que la catégorie soit présentée. Celle-ci a donc tout simplement été retirée par manque de participants... « Tsé, quand on est pas dû, on est pas dû ! »

Lancement VOL 94,3 / Première journée en magasin

Les Grandes Gueules VOL 94,3

Voir annexe 1 pour le contenu

Anecdote : *Cet album est sorti en version CD, mais aussi en version cassette 4 pistes. Il est drôle de constater que plusieurs des fans les plus jeunes des Grandes Gueules ne savent même pas ce que c'est qu'une cassette 4 pistes. Ah ! la technologie ! De plus, il semble que les pièces qui se trouvent sur la cassette et le CD soient différentes... Personne de l'équipe n'a souvenance de cela !*

Ma première négociation de contrat avec Énergie

À la base, les dirigeants d'une station de radio n'aiment pas vraiment négocier avec un gérant. Je crois que pour eux, un gérant est un intermédiaire qui leur coûte cher, plus cher que s'il n'était pas là en tout cas. Il y a un fond de vérité là-dedans (vu de leur côté de la médaille), il est en effet plus facile d'influencer un artiste qu'un gérant. De par sa définition, un artiste est plus émotif, je crois que ça vient avec la créativité, c'est un tout.

Pour moi, un gérant c'est un investissement, du moins pour l'artiste, si un artiste considère que son gérant lui coûte cher, c'est qu'il est mal « équipé ». Un gérant ne doit rien coûter à un artiste, il doit lui rapporter.

Ma première négociation de contrat radio fut effectuée avec Luc Tremblay (qui était directeur de la programmation à l'époque). Je connaissais assez bien Luc, il faisait partie de l'équipe de vente de CKMF lorsque j'étais là. Nous avons donc travaillé ensemble. Vendeur de premier rang, il était maintenant passé du côté des programmes. Luc est talentueux, il est travaillant, intelligent, mais aussi un peu orgueilleux. Nous étions tous les deux dans la trentaine avec peu d'expérience et beaucoup d'ambition. Deux vendeurs dans l'âme qui avaient l'habitude d'atteindre leurs objectifs... belle négociation en perspective !

À cette époque, le salaire des gars était plutôt « ordinaire ». En réalité, je dirais même minable ! La station les avait engagé et donné leur première chance alors qu'ils étaient deux parfaits inconnus et, pour tout dire, c'est la notoriété qui paye quand on fait un job dans le domaine. Avec Josélito, ils avaient fait de leur mieux, mais honnêtement ils n'étaient pas dans une très bonne position pour négocier quoi que ce soit : inconnus, aucune preuve de faite et ils avaient besoin d'un travail...

Pas nécessaire de vous dire que les *négos** n'allaient pas très bien. De mon côté, je considérais que le salaire des gars devait être doublé afin de les ramener où ils devraient être alors que du côté de Luc, la station n'allait pas si bien (ce qui, a cette période était toujours le discours en négo) et que les gars n'avaient pas de notoriété. Il me disait trouver son offre plus que raisonnable dans ces conditions. Les négos n'allaient donc nulle part.

J'étais bien assis dans mon bureau du Vieux-Montréal quand mon adjointe m'avisa que je venais de recevoir un courrier recommandé. Il s'agit d'une lettre de Luc qui m'avisait que je devais accepter sa dernière offre dans les 24 heures sans quoi José et Mario n'auraient plus d'emploi à CKMF.

Je fis donc une conférence téléphonique avec José et Mario, je leur explique la situation. Un peu choqués ou déçus, ils me demandent ce que j'en pense :

« Je vais hypothéquer ma maison s'il faut et je vous paierai votre salaire jusqu'à ce que je vous trouve autre chose, mais on peut pas accepter ces conditions, il faut que l'on se tienne debout sinon, on n'arrivera jamais à avoir un salaire décent. » Nous sommes d'accord, fait ce qu'il faut, ont-ils répondu !

J'ai donc écrit à Luc que dans ces conditions, José et Mario ne seraient plus à l'antenne dès le contrat actuel terminé et que je le remerciais de leur avoir donné leur première chance à la radio. L'envoi recommandé arriva sur son bureau à peine une heure après que j'ai reçu le sien !

Anecdote : il est important de mentionner que, malgré qu'ils aient reçu une lettre recommandée qui leur disait qu'ils n'auraient plus d'emploi, rien n'a paru en ondes alors qu'ils faisaient leur émission de radio le soir même. Il en a été de même avec la mise en demeure de M. Angélil et toutes les autres circonstances difficiles que les gars ont pu vivre tout au long de cette ère à la radio. Mes gars ont toute une force de caractère !

Je ne me souviens pas exactement comment nous avons repris contact, mais cette fois-là, nous avons gagné notre point et j'ai réussi à obtenir le salaire que je croyais juste. En fait, ce fut une bataille de coqs et Luc et moi en sommes sortis gagnant. Je crois que chacun de notre côté nous avions appris qu'il y avait pas d'autre façon de négocier que la méthode dure. Par la suite, Luc et moi avons eu à négocier souvent, tout s'est toujours passé de façon plaisante et nous avons appris à faire, chacun notre tour, les concessions nécessaires pour atteindre nos objectifs. Luc Tremblay est aujourd'hui Vice-président des ventes pour Énergie et Rock-Détente et je crois que l'on pourrait dire que nous sommes devenus de bons « amis professionnels » qui se respectent mutuellement.

Je vous raconte cette petite histoire parce que je crois que c'est à partir de ce moment-là que s'est installé une confiance et une synergie réelles entre José, Mario et moi.

Anecdote : Je me souviens de l'une de mes premières rencontres avec les dirigeants de la station. Si ma mémoire est bonne, j'étais dans le bureau de Charles Benoît (Directeur général à l'époque) accompagné de Robert Beaudry (Directeur des programmes à l'époque). Pendant que nous discutions business, on entend des bruits venant du couloir, des cris et des rires… On interrompt donc la rencontre pour aller voir ce qui se passe… À notre arrivée dans la réception de la station, José est debout, les culottes aux fesses, il est penché, montrant ses fesses à la foule qui est rassemblée pour célébrer le départ d'une employée, il utilise ses mains pour faire ouvrir et fermer ses fesses afin de simuler que celles-ci chantent : ce n'est qu'un au revoir ! Toute une mise en situation pour négocier ! C'était un de ses gags favoris à un certain moment donné, le moment était peut-être juste un peu mal choisi. Pour lui, cela n'avait pas d'importance… Les gens riaient aux larmes, c'est ce qui était important pour lui !

Le réseau

Normand Beauchamp, un des deux propriétaires du réseau Énergie à l'époque, m'avait dit : JAMAIS, l'émission du retour à la maison ne sera sur le réseau, les plages horaires du matin et du retour à la maison doivent rester locales, la radio est d'abord et avant tout locale… (Hé ! qu'il savait comment me motiver celui-là…)

Nous avons donc dû nous y prendre de façon stratégique et faire la preuve que ça pourrait fonctionner et donner de bons résultats. Avec l'aide de Charles Benoît (je ne me souviens plus exactement quel titre il avait à ce moment, mais il était un des patrons d'Énergie), nous avons convaincu les dirigeants de la station de mettre les Grandes Gueules en ondes sur le réseau à l'heure du dîner partout au Québec (sauf à Montréal). Ce fut un travail colossal pour les gars puisqu'ils devaient faire deux émissions par jour, l'une le midi et l'autre le soir.

Il faut croire que les résultats étaient bons… Après deux ans, la décision fut prise de ne faire qu'une seule émission réseau, à la grandeur du Québec de 16 h à 18 h.

Aujourd'hui, l'émission est diffusée de 15 h 30 à 18 h et a atteint des cotes d'écoute records, plus d'un million d'auditeurs à chaque semaine. Ce niveau historique fut atteint au printemps 2004 avec 1 064 000 auditeurs et l'ACR (Association canadienne des radiodiffuseurs) l'a souligné de belle façon en leur remettant un trophée honorifique : le Micro platine. À ce jour, Les Grandes Gueules sont les seuls à avoir reçu cet honneur et, selon moi, nous ne sommes pas à la veille de revoir l'exploit !

Micro platine

Photo : Archives personnelles

**Les Grandes Gueules,
c'est des gars de radio...**

Peu de gens le savent, mais José et Mario ont vraiment commencé à travailler comme humoristes sur scène et non comme animateurs radio. Ce fut d'ailleurs une source de problème lorsque l'on décida de partir un nouveau spectacle et refaire de la scène. En effet, les gens travaillant dans l'industrie percevaient les Grandes Gueules comme des « gars de radio » et avaient donc, par le fait même, une incertitude quant à leur capacité à exercer leur métier sur scène et surtout à vendre des billets !

Un peu d'histoire…

Ce n'est plus un secret pour personne, José et Mario se sont rencontrés à la polyvalente et déjà à ce moment, ils s'affichaient comme humoristes et entrepreneurs en devenir. Le soir après l'école, ils griffonnaient des posters qu'ils affichaient un peu partout dans l'école afin d'annoncer qu'ils faisaient un spectacle le lendemain à l'heure du dîner. Une belle façon de se faire les dents dans le métier !

Peu de temps après, ils ont décidé de faire des spectacles dans les bars, c'est bien beau, mais il y avait deux petits problèmes : le premier, ils n'avaient pas l'âge légal pour entrer dans un bar et le second, très peu de gens les connaissaient. Ils ont donc engagé des noms un peu connus à cette période et proposé aux tenanciers d'organiser des soirées d'humour. De cette façon, le tenancier était intéressé et, évidemment, ils s'incluaient dans le programme… En vérité, je vous le dis : ce sont deux « petits maudits » qui, lorsqu'ils ont quelque chose en tête, finissent par trouver le moyen d'y arriver, souvenez-vous de l'épisode de l'appel à minuit le soir !

L'été de 1998, José et Mario décidèrent donc de faire un show, rien de prétentieux, juste pour s'amuser, par nostalgie de la scène. Sans vraiment le savoir, *Les Grandes Gueules, Le Show*, venait de prendre naissance !

Les Grandes Gueules *Le Show*

Logo : Les Grandes Gueules Le Show

Après une semaine d'isolement dans un chalet des Laurentides, ils ont écrit environ 45 minutes de matériel. Cela peut paraître banal pour ceux qui ne connaissent pas le domaine, mais un spectacle d'une heure et demie prend habituellement environ six mois à écrire. Il est évident que leur grande complicité et le fait qu'ils écrivent tous les jours pour la radio ont eu une incidence importante dans l'efficacité de leur travail.

Nous avons donc décidé de nous mettre à l'affiche pour une fin de semaine, dans le seul but de nous amuser, de faire un *party**. Nous nous sommes donc installés au *Bourbons Street* de Mont-Rolland le 26 juin 1998 afin de faire la première représentation. Qu'elle ne fut pas notre surprise de constater que la salle était comble. Nous avons finalement donné au moins une vingtaine de représentations à guichets fermés, il y avait des personnes qui achetaient leur billet sachant à l'avance qu'ils seraient à l'extérieur de la salle… sur la terrasse. Ce fut une expérience extraordinaire pour les gars, après si longtemps à la radio à parler tout seul… Enfin, ils avaient des réactions, les gens riaient de leurs gags, ils donnaient et recevaient du bonheur !

Nous avions une problématique importante pour la création d'un spectacle… Les auditeurs de la radio connaissaient bien les personnages des Grandes Gueules et s'en étaient fait une image mentale assez précise, mais en réalité, aucun des personnages n'avait encore de costume, de posture, de perruque…

L'expérience du Bourbon nous a donc permis de créer l'image de plusieurs personnages, par exemple, Jocelyne a changé de perruque plusieurs fois, jusqu'à ce que son entrée en scène fasse dire aux spectateurs, avant même qu'elle ne dise un mot : c'est Jocelyne ! À partir de ce moment, nous savions que nous avions trouvé son image. Habituellement, un humoriste crée un personnage et le présente à l'auditoire tel qu'il l'a pensé, il fait les ajustements nécessaires afin que celui-ci ait tout ce qu'il faut pour faire passer son message, mais pour les personnages des Grandes Gueules, la situation était tout autre. Après chacun des spectacles, les gars s'installaient à une table afin de rencontrer personnellement les spectateurs, ils donnaient des autographes, riaient, discutaient et posaient des questions sur les personnages. C'est ainsi que l'image des personnages fut créée, selon la vision de José et Mario oui, mais surtout, selon la vision que les auditeurs de la radio avaient de ceux-ci.

Après chacun des spectacles, nous repassions aussi, en images mentales, tous les gags, mouvements et ambiances. C'est ainsi que nous avons construit et modifié le spectacle, au fur et à mesure, jusqu'à ce qu'il devienne *Les Grandes Gueules, Le Show* !

Photo : Michel Gagné

En spectacle au Bourbon Street Club

Une entrée fracassante...

La plupart du temps, un spectacle est à l'affiche en région puis, après une cinquantaine de représentations, fait son entrée à Montréal. Nous n'avons évidemment pas suivi cette coutume... Les Grandes Gueules ne font rien comme les autres, je vous l'ai déjà dit, et ce, probablement parce que l'on ne connaissait rien au monde du spectacle, mais surtout parce que l'on se fie à notre instinct de groupe. Les Grandes Gueules étaient connues à la radio de Montréal, mais pas encore dans le reste de la province, il était donc plus sage pour nous d'effectuer notre entrée à Montréal. Même si tous les producteurs et gérants que je connaissais à ce moment se sont fait un devoir de m'aviser que l'on se péterait la gueule !

Nous avons donc choisi le Spectrum de Montréal pour faire notre rentrée montréalaise. WOW ! Que de plaisir nous avons eu là et quelle surprise : les Grandes Gueules ont battu un record qui, à ce jour et à ma connaissance, n'a pas encore été égalé : quinze soirs vendus avant même d'y avoir produit un seul spectacle. José et Mario se sont d'ailleurs fait remettre une chaise honorifique pour souligner l'événement.

Anecdote : en passant, pour le lancement du spectacle à Montréal, nous avons produit un album qui n'a jamais été distribué en magasin : CD – Édition spéciale limitée -Spectrum de Montréal. Cet album fut édité à 2000 copies, et une copie fut remise aux 2000 premiers clients ayant acheté leur billet pour voir le spectacle. Il comprenait une introduction en guise de remerciement enregistrée par les gars, dix des sketches favoris des gars à ce jour à la radio, ainsi que deux chansons. On y retrouvait Pierre Pagé, qui était l'animateur de l'époque.

CD édition spéciale limitée – Spectrum de Montréal

Voir annexe 2 pour le contenu

Pour les chanceux qui ont cette copie en main, l'écoute est plutôt drôle… On peut vraiment voir que depuis, la voix des personnages ainsi que leurs habitudes ont vraiment évolué.

Les Grandes Gueules Le Show

Les Grandes Gueules Le Show prenait donc l'affiche à Montréal le 30 mars 2000, mais malgré ce succès instantané en ventes de billets, nous n'étions pas au bout de nos peines !

La couverture de presse...

Mettre un spectacle au monde comprend plusieurs éléments, création et construction du décor, engagement du personnel, bande-son, éclairage, fabrication de costumes, etc.

Mais, même si on n'y connaissait pas grand-chose, tous ces éléments se sont déroulés sans anicroche. Le problème principal résidait dans le fait que les gars étaient perçus comme des gars de radio et les médias n'aiment pas promouvoir leur compétiteur. Dans les faits, les médias ne percevaient pas les Grandes Gueules comme des humoristes, ils avaient l'impression de promouvoir la station de radio lorsqu'ils en parlaient, le fait que l'émission de radio porte le même nom que celui du duo était le principal point supportant ces attitudes.

Nous savions cela, je disais souvent aux gars, la radio est un médium extraordinaire, elle te permet d'entrer dans l'intimité des gens et de leur parler, tu deviens leur ami, mais son principal défaut c'est que : « *Tout le monde sait quelle est la couleur de vos bobettes à chaque jour, mais personne ne sait ce que votre visage a l'air !* »

Nous nous demandions donc quelle était la pertinence de faire une première montréalaise, ces soirées mondaines où les gens de l'industrie assistent à votre spectacle et répandent, par la suite, la bonne nouvelle...

Pour ma part, je ne voulais pas investir une cenne pour l'industrie, j'étais convaincu qu'à ce moment, c'était de l'argent jeté par les fenêtres. Tous les intervenants nous entourant à ce moment nous disaient que ça ne se faisait pas. *Teamwork** oblige, nous avons donc décidé, pour une des rares fois, de suivre le courant habituel et de faire une première. Les relationnistes que nous avions engagés se sont donc mis au travail, nous avons fait des documents de présentations qu'ils ont envoyés à tout ce beau monde important qui constitue l'industrie de l'humour, les journaux, la télévision et ainsi de suite... pas de réponse.

Personne ne voulait venir, aucune confirmation de présence, très peu de couvertures de presse. Je m'y attendais, mais je n'y croyais pas, il faut dire que pour un gérant d'artiste, ses protégés ne sont jamais assez bien traités, ils méritent toujours mieux que ce qu'ils reçoivent... Je crois que c'est normal comme situation, mais de là à ne recevoir aucune réponse, il y a une marge. Je fais donc le tour des invitations et réponses, négatives, avec nos attachés de presse jusqu'à ce que nous trouvions une piste ou plutôt une faille...

Parmi les réponses négatives, Julie Snyder. Julie animait son émission *Le point J*, à ce moment-là, à l'antenne de TVA. Les recherchistes de l'émission avaient indiqué à notre relationniste qu'ils ne pourraient venir parce qu'ils n'avaient plus de budget de disponible pour payer l'antenne satellite mobile... Nous avons donc saisi l'opportunité, c'était la seule que l'on avait, et leur avons demandé : combien ça coûte pour louer l'antenne néces-saire : 5000 $. Aujourd'hui, 5000 $ c'est de l'argent, mais à cette époque, pour nous du moins, 5000 $ c'était une fortune !

Nous avons donc décidé, aucun autre choix ne s'offrait à nous de toute façon, de les prendre au mot... « *Vous nous dites que c'est pour des raisons de manque de budget que vous ne voulez pas venir couvrir notre lancement ? OK, nous allons payer les coûts relatifs à votre déplacement, vous n'avez donc plus d'excuses, on vous attend !* ».

À ce jour, je ne sais toujours pas si c'était une excuse ou la réalité, mais les gars ont fait l'émission, en direct. Et ce fut d'ailleurs la seule couverture en direct pour notre première du spectacle *Les Grandes Gueules Le Show* !

Un Félix ?

Même si cela ne faisait que trois semaines que le spectacle était lancé, il fut en nomination comme spectacle de l'année à l'ADISQ, cette fois-ci nous n'avons pas gagné, la palme étant revenue à Daniel Lemire.

Le Saint-Denis

Le coup d'envoi étant lancé et les ventes étant au rendez-vous, nous avons décidé d'afficher le spectacle au Saint-Denis 1, la grande salle. Comme nous étions « nouveaux » dans le domai-ne, nous ne savions pas que cette salle devait être réservée des mois, sinon des années, à l'avance. Il ne nous a donc été possible d'avoir la salle que deux jours (les 9 et 10 décembre 2000). À cette époque, plusieurs spectacles étaient à l'affiche, dont Notre-Dame de Paris.

Anecdote : debout, derrière la salle lors du spectacle du samedi, je conversais avec le directeur technique de la salle (hélas, j'ai oublié son nom...) celui-ci me dit alors qu'il n'avait jamais vu le Saint-Denis 1 aussi rempli... Je lui dis : « Tu dois faire une erreur mon vieux, Notre-Dame de Paris est sold-out* à tous les soirs, pis ça doit faire 50 représentations qu'ils donnent ! ». Il m'a répondu, « Je suis sérieux, c'est vrai qu'il y a plusieurs productions qui viennent et reviennent, mais je vois les chiffres et je n'ai jamais vu cette salle vendue comme ça ».

Souvent, les producteurs donnent plusieurs billets et laissent des places libres (billets qui ne sont pas à vendre dans le fond de la salle) et ainsi créent une demande pour les prochains spectacles. Premièrement, nous ne savions pas que cela se faisait et deuxièmement, nous savions que nous ne pouvions pas avoir d'autres dates au Saint-Denis 1, c'est probablement pour cette raison que nous avons rempli la salle comme il le disait !

Le Saint-Denis n'étant plus disponible, nous avons donc déménagé nos pénates vers l'Olympia, inutile de vous dire que nous n'avons pas de records de ventes dans cette salle... Broue a éclipsé toute possibilité de battre son record pour toute autre production, et avec raison d'ailleurs !

Le spectacle, qui soit dit en passant était notre job à temps partiel allait bon train. Je dis *job à temps partiel* parce que la radio qui occupait déjà 60 heures de travail par semaine faisait en sorte que les gars devaient, sauf exception, être à Montréal du lundi au vendredi. Cette obligation faisait en sorte qu'il était plus difficile de partir en tournée à travers le Québec.

Les Grandes Gueules Le Show a tout de même vendu plus de 100 000 billets et aurait pu en vendre beaucoup plus si quelque chose d'horrible et extraordinaire en même temps n'était pas arrivé !

Source : Les studios Redbox inc.

Publicité les Grandes Gueules Le Show

Alma et Saint-Jean, si loin et si proche...

Les deux derniers spectacles eurent lieu à Alma (Festivalma, le 9 juillet 2003) et Saint-Jean (L'international de montgolfières de Saint-Jean-sur-Richelieu, le 13 août 2003). Il s'est passé quelque chose d'incompréhensible en humour pendant ces spectacles qui a fait en sorte que nous n'avions pas d'autre choix que d'arrêter la tournée.

La **petite histoire** des **Grandes Gueules** à la **radio**

Je me souviens encore et me souviendrai toujours du spectacle d'Alma. De mémoire, il y avait 25 000 personnes, ce qui constituait un record à ce moment, les gars avaient déjà joué devant une aussi grande foule une fois auparavant à Sherbrooke lors d'un festival d'été, le Fou rire Labatt Bleue en juillet 2002. C'est un moment important d'ailleurs puisque c'était la première fois qu'ils se produisaient devant autant de personnes qui étaient venues les voir. Ils s'étaient déjà produits devant des foules plus importantes dans le cadre de festival où plusieurs étaient en vedette, mais à Sherbrooke, c'était eux les têtes d'affiche. Revenons à l'histoire... Il faisait beau, la foule était plus que prête à les accueillir, tout le monde était content. Les voilà qui entrent sur scène, applaudissements à ne plus finir, tout s'enlignait pour une soirée extraordinaire. J'étais tout près d'eux, derrière les rideaux, à un endroit où ils pouvaient me voir et où je pouvais les voir tout autant que la foule. J'aimais bien me placer là, ça me permettait d'être « dedans » et capter l'ambiance.

Les gars commencent donc le spectacle, et tout à coup, comme un écho, ils entendent des voix, plusieurs voix qui prononcent les mêmes mots qu'eux... En même temps. On a peine à croire ce qui nous arrive, les spectateurs récitent le spectacle, tout comme ils récitent une chanson populaire avec leur briquet dans les airs, mais sans le briquet tout de même... Les gars me regardent, un peu troublé par ce qui se passe, je suis troublé aussi... ils continuent, l'écho n'arrête pas, en fait, elle est de plus en plus présente, de plus en plus forte... je me souviens de les voir me regarder et me demander... on fait quoi ? En plein spectacle, et moi de leur répondre : « *J'en ai aucune idée...* »

Je me plaisais souvent à dire que les fans des Grandes Gueules constituaient un genre de secte, mais pour la première fois, j'en avais vraiment la preuve ! Dans les faits, le public connaissait le spectacle par cœur et se plaisait simplement à le réciter avec eux. Je vous entends déjà dire : « *OK, OK, c'est bien beau le gérant, mais 25 000 personnes à Alma n'ont pas vu le spectacle assez de fois pour le connaître par cœur !* » Et vous avez tout à fait raison, mais je vous jure sur tout ce que j'ai de plus cher que ce que j'ai écrit est vrai !

Les Grandes Gueules, c'est des gars de radio...

La même situation s'est produite à l'International de montgolfières de Saint-Jean-sur-Richelieu... Encore du karaoké sur le spectacle, c'en était trop, nous avons dû cesser de faire le spectacle.

Anecdote : Lors du spectacle à Saint-Jean, les gars ont fait leur entrée avec un numéro improvisé spécialement pour cet événement. Dix ans auparavant, ils avaient fait une prestation au même endroit, ils faisaient la première partie de Roch Voisine. Sur les 50 000 personnes présentes, il y en avait peut-être 100 qui étaient contents de voir les Grandes Gueules... Tout au long de leur prestation, les gens criaient : Roch Roch Roch ! Ce n'est pas très encourageant pour de jeunes humoristes ! Donc, 10 ans plus tard, il y a 50 000 personnes qui, cette fois-ci, se sont déplacées pour voir Les Grandes Gueules. Les gars sont donc entrés en scène et ont « gentiment » rappelé l'événement aux spectateurs en faisant un medley des meilleures chansons de Roch Voisine. Ils chantaient a cappella et s'assuraient de « fausser et détoner » juste assez pour que le moment soit hilarant ! Une douce revanche humoristique quoi !

Peu de temps auparavant, nous avons lancé un DVD et une VHS du spectacle. Le tournage avait été effectué à la salle André-Mathieu de Laval. Le moins que l'on puisse dire c'est que les fans étaient assoiffés de voir les Grandes Gueules, ils les suivaient depuis plusieurs années à la radio et avaient probablement hâte de mettre un visage sur leur voix. À ce moment, les gars n'étaient pas très connus, ils ne recevaient que très peu d'offres pour participer à des émissions de télévision et presque aucun journal ni magazine ne parlait d'eux.

Dès la sortie du DVD, « le feu a pris » ! On s'arrachait littéralement le produit, nous avons eu une rupture de stock, les commandes affluaient plus rapidement que notre fabricant arrivait à fabriquer le produit... Un beau problème quoi !

Même dans nos rêves les plus fous, nous n'aurions jamais pensé en vendre autant. Lors de la mise en marché (29 octobre 2002), nous croyons en vendre environ 10 000 copies, ce qui était déjà un objectif très agressif à ce moment, mais moins de 10 jours après le lancement, le 7 novembre 2002, je remettais une plaque double platine aux gars (20 000 copies) puis, le 5 décembre 2003, un quintuple platine (50 000 copies).

Lorsque l'on sait qu'en moyenne 10 personnes visionnent un DVD, cela explique bien des choses !

Dans le cas présent, il y a donc 500 000 personnes qui ont visionné le DVD du spectacle, cela explique comment autant de personnes connaissaient le show par cœur, même à Alma !

Anecdote : Je ne peux passer sous silence une des belles surprises que l'on a eu la chance de vivre pendant la tournée. Un des représentants de la station de Chicoutimi CJAB dont hélas j'oublie aussi le nom, m'avait appelé afin d'évaluer la possibilité de produire le spectacle à Saint-Félicien au Lac-Saint-Jean. Pour être honnête, cela ne m'intéressait pas du tout, il n'y a pas de salle de spectacle à Saint-Félicien. Il me « harcelait » et tentait de me convaincre d'emmener le spectacle à l'Hôtel du Jardin... Les Grandes Gueules, Le Show dans un hôtel... « Coudonc, il est malade celui-là ! » Mais il ne lâchait pas, j'ai donc demandé à un de mes techniciens qui a fait plusieurs spectacles avec d'autres artistes, s'il y était déjà allé. Après vérification et examen des devis techniques de la salle, j'ai finalement donné mon accord au représentant en lui disant, à mots à peine couverts que la salle devra être à la hauteur et qu'il était mieux de s'organiser pour qu'il y ait du monde, mes gars sont habitués à jouer devant des salles combles. Pas de problème me dit-il, tu vas voir, on va t'impressionner ! Il faut faire attention, ils sont fiers les gars de région !

J'ai été impressionné... Cet hôtel est, pour un gars de la ville, construit dans le milieu de nulle part, il comprend 85 chambres et a sûrement coûté des millions de dollars. Il comprend une salle de congrès, ou plutôt une grande salle de congrès et notre représentant l'avait remplie, très remplie : il y avait 2000 personnes assises en rang d'oignon sur des chaises ! Quel spectacle, quel accueil ! Les régions du Québec ne cesseront jamais de m'impressionner. Les gens du Lac sont fiers et avec raison ! C'est ce que j'appelle : la force des régions.

Les Grandes Gueules Le Show
(VHS/CD) et (DVD/CD)
« Certifié quintuple platine »
Voir annexe 3 pour le contenu

Le DVD *Les Grandes Gueules Le Show* est un autre bel exemple du succès des gars, à cette époque, seul U2 avait atteint ce chiffre de ventes certifié (50 000 copies), et ce, à l'aide du Canada tout entier, les Grandes Gueules l'ont atteint au Québec, même si quelques copies perdues se sont aussi vendues à l'extérieur de la province.

Anecdote : même si ce produit a eu un succès phénoménal, c'est le produit qui nous a rapporté le moins, d'un point de vue financier... Les gars, qui ont la bonne habitude de vouloir gâter leurs fans, avaient

Photo : Jonathan Desjarlais

Plaque quintuple platine / les Grandes Gueules Le Show

eu la bonne idée d'inclure un CD des meilleurs moments de la radio 2001-2002 comme cadeau... On a donc dû faire fabriquer des emballages spéciaux pour VHS et CD puisque cela n'existait pas et utiliser un format double pour l'édition DVD afin d'inclure le CD. Ce produit fut lancé dans un cinéma, on avait invité des gagnants de la radio à venir le visionner pour la première fois en présence des Grandes Gueules.

GALA
ADISQ

2000

L'Association québécoise de l'industrie
du disque, du spectacle et de la vidéo

met en nomination

" Les Grandes Gueules le show "
Les grandes gueules

dans la catégorie

Spectacle de l'année
Humour

Les Grandes Gueules Le Show

Photo : Michel Gagné

* Voir le lexique

Les Grandes Gueules Le Disque
« *Gagnant du Félix/ album de l'année humour 2002* »
Voir annexe 4 pour le contenu

Le 16 octobre 2001, nous avons sorti notre premier « vrai disque », si je me souviens bien, ce lancement s'est effectué au studio Énergie et les gars faisaient leur entrée en Ricky Éklésias...

En fait, c'est celui que je considère notre premier puisque nous l'avons produit nous-mêmes de A à Z et qu'il a été distribué en magasin (DEP). Cet album-compilation comprenait des sketches qui étaient passés à la radio ainsi que trois chansons humoristiques de Noël et un *danse-mix* : Les Ricky Éklésias ...

Plusieurs personnes ont prêté leur voix sur cet album que ce soit en chanson ou comme animateur. On y retrouve : Ricky Dee, Pierre Pagé, François Toupin, Okoumé, Christian Thétrault et Boum Desjardins dans l'interprétation de ce que je considère la meilleure *toune** de Noël des Grandes Gueules : *Congédions le père Noël* ! En passant, ce disque avait une particularité : peu importe de quel côté on regardait l'emballage, ses deux côtés étaient une couverture « deux rectos et aucun verso »

Anecdote : Après le gala de l'ADISQ, nous sommes allés souper au restaurant Leblanc (coin Sherbrooke et Saint-Laurent). Le moins que l'on puisse dire c'est que l'atmosphère était à la fête. Il faut se rappeler que c'était le tout premier Félix que nous gagnions, en fait je crois même que c'était la première fois que l'on se méritait un prix ! Les gars et moi avions un rêve, ou un but, boire un jour une bouteille d'Opus One. C'est un vin de Californie, il est sublime, mais dispendieux... C'est à cette occasion, pour se récompenser, que l'on a eu la chance de boire notre premier Opus One. Nous avons tellement aimé cela que nous voulions en recommander, mais à 450 $ la bouteille, il y a des limites à la folie ! Mario a donc pris sur lui d'appeler Carl Leblanc, le propriétaire, afin de négocier le prix des bouteilles supplémentaires. Carl est un homme d'affaires sérieux, il connaît bien le business, il sait très bien que c'est de bon augure que d'avoir des artistes dans son restaurant. Il n'y avait pas que les Grandes Gueules à la table, plusieurs s'étaient joints à nous, dont notre ami Éric Lapointe. Carl nous offrit donc gracieusement deux bouteilles supplémentaires en guise de ca-

deau afin de célébrer l'événement. Merci Carl, nous t'en serons toujours reconnaissants !

Recto-verso les Grandes Gueules Le Disque

Anecdote : voulant m'assurer de ne pas créer de problèmes avec un des plus importants gérants de l'industrie, vaut mieux l'avoir de notre côté, j'avais logé un appel au bras droit de René Angélil, Mario Lefebvre, afin d'avoir son accord avant de publier un sketch du personnage de Mario... Je lui avais donc fait parvenir une copie du sketch pour que René l'écoute.

Après plusieurs appels, il finit par m'avouer que René ne l'aimait pas... Je lui en fais donc parvenir un autre... Il ne l'aime pas non plus ! En fait, il n'aime pas le personnage point à la ligne et n'est donc pas en accord avec le fait qu'il existe, il préférerait qu'il ne soit pas sur un album ni à la radio d'ailleurs. Devant le refus de collaborer à ce que je considère comme étant notre bonne foi, j'ai décidé de mettre le premier extrait que je lui avais fait parvenir sur l'album de toute façon ! On verra, un peu plus tard dans l'histoire que cela n'a peut-être pas aidé à se positionner dans ses bonnes grâces !

Le spectacle à la télé

La première diffusion a eu lieu le 16 mars 2003 à Super Écran. Après y avoir été diffusé plusieurs fois, le spectacle *Les Grandes Gueules Le Show* fut diffusé le 20 octobre 2004 sur les ondes de TQS.

* Voir le lexique

Un genre de biographie

Afin d'obtenir un peu plus de notoriété pour le duo (pas question d'attendre de l'aide de l'industrie...), nous avons décidé de produire une émission spéciale, un peu sous la forme de l'émission *Biographie*. À l'aide de Luc Wiseman et son équipe (Avanti ciné vidéo), nous avons donc enregistré *Les Grandes Gueules TV*. Cette émission racontait l'histoire des Grandes Gueules à ce jour et était parsemée de sketches inédits mettant en vedette José et Mario.

L'émission spéciale d'une heure *Les Grandes Gueules TV* a été diffusée sur le réseau TVA le 4 avril 2004 et a rejoint 1 219 000 personnes. Pas mal pour une première émission de télévision qui avait comme sujet Les Grandes Gueules, non ?

Anecdote : Pendant le tournage d'un des sketches, dans le parc Lafontaine, si je ne m'abuse, Mario déguisé en Armand était assis sur un banc de parc et parlait tout seul... Alors que nous étions en plein tournage, il se leva en criant qu'il se faisait mordre les mollets... on ne comprenait rien à ce qu'il disait. Avait-il pris un coup de chaleur celui-là ?

Il se rassit pour continuer la scène, puis on a vu arriver le coupable... Un rat blanc ! On n'en croyait pas nos yeux, il y avait un rat blanc qui venait lui mordiller le mollet ! De toute évidence, c'était un rat apprivoisé, c'était à la mode pour les squeegees* d'avoir un rat blanc à cette époque, celui-ci avait probablement été laissé seul à lui-même dans le parc.

L'histoire d'Angélil

La décision de retirer des ondes la parodie de la chanson de Céline n'a aucun rapport avec les pressions de son gérant...

CKMF

Caricature La Presse / 14 septembre 2002

Le 10 septembre 2002

Aujourd'hui, Luc Tremblay, Directeur général d'Énergie Montréal, a reçu un appel de Mario Lefebvre des Productions Feelings. En conférence téléphonique sur le même appel : René Angélil.

Voici le résumé de l'appel...

« Les Grandes Gueules sont deux « sans-talents », pas de classe, Radio Énergie n'a pas de classe, je vais le dire à tout le monde que je connais dans l'industrie. Ils doivent immédiatement arrêter d'utiliser la chanson de Céline (la parodie « À m'énarve ») et cesser les sketches utilisant le personnage de René. Pis tu peux

* Voir le lexique

même arrêter de faire jouer les chansons de Céline, ça me dé-range pas du tout, je n'aime pas votre station radio... »

À ce que Luc m'a dit, c'est une des « pires *volées* verbales qu'il ait mangées à ce jour », la discussion était monocorde, René n'a jamais élevé la voix.

Nous convenons donc de cesser la diffusion de la parodie « *À m'énarve* ».

Il n'y a pas encore de jurisprudence au Canada pour ce qui est du droit de faire ou non des parodies. Comme dans tous les do-maines, un jour, la loi décidera de ce qui est légal ou non, cela se fera lorsque le besoin sera là, lorsqu'il y aura une cause portée en cour. Je n'ai pas l'intention que cela se fasse avec les Grandes Gueules, ils sont dans une drôle de position à cause de la grande écoute de l'émission. Cela ferait sûrement un excellent cas de ju-risprudence et je ferai tout ce que je peux pour m'assurer que celle-ci ne se fasse pas sur le dos de mes gars !

La problématique c'est que je suis présentement en production d'un DVD et d'un CD où le personnage de René est présent ! Mais ça, c'est une autre histoire...

Nous sommes aussi mis d'accord sur un autre point, on ne fait pas de vague avec ça, on garde cela pour nous, pas question que ça aille dans les journaux, mais pour ce qui est de cesser de faire le personnage de René en ondes, pas question ! Il y a toujours un *boute** !

Petit aparté : lorsque José et Mario furent mis au courant, ils étaient dévastés. Il faut savoir que « *À m'énarve* » avait été com-posée à partir d'une idée fort simple : les gars s'étaient imaginés que n'importe quel couple, qui a l'habitude de vaguer à ses occu-pations professionnelles et qui se retrouve ensemble à la maison, tout le temps 24 heures sur 24, finirait par se taper sur les nerfs ! De plus, José et Mario sont des fans inconditionnels de Céline et René. Ils considèrent Céline, comme la plupart des gens, comme une des meilleures chanteuses du monde, ils respectent ce qu'el-le a fait pour y arriver. Ils sont conscients du travail et de tous les sacrifices qu'elle a dû faire. Pour ce qui est de René, on connaît sa petite histoire, il a tout risqué pour lancer la carrière de celle en qui il croyait, c'est tout à son honneur. Il a fait un travail extraordinaire, est allé au bout de ses rêves, c'est un gagnant qui mérite tout notre respect. Fait à signaler : encore une fois, malgré toute la pression qu'ils subissaient, rien n'a paru en ondes, ils ont effectué leur travail avec le professionnalisme que je leur connais.

Paroles de « *À M'ÉNARVE* »

(Céline)   *Depuis qu'j'suis mariée, ho, ho…*

(René)   *À m'énarve…*

(Céline)   *Yé ! ! !*

(René)   *Ah non pas encore elle, j'pus capable ! Eille, dire que si Anne-Renée avait parlé anglais là, j's'rais même pas avec Céline aujourd'hui ! ! !*

(Céline)   *J'porte du 32B, pis ça c'est bourré… René n'a deux fois plus que moé !*

(René)   *À m'énarve… Non, mais c'pas des farces c'est moi qui a été obligé d'allaiter l'p'tit.*

(Céline)   *Si j'ai des p'tits seins, c'est parce que j'leur donne des coups d'poing !*

(René)   *À m'énarve… Eille è tout le temps après moi… È comme l'odeur d'un pet, à m'suis partout !*

(Céline)   *Ahhh !*

(René)   *Envoye Céline, montre à Lara c'que tu sais faire*

(Céline)   *AAAAAAAAHHH ! ! !*

(René)   *T'essayeras d'battre ça*

(Céline)   *J'ai des milliers d'souliers. Jusque dans l'garde-manger ! Nos Wippets goûtent juste les p'tits pieds !*

(René)   *À m'énarve ! Pas juste les Wippets viarge, l'odeur passe bord en bord du cannage !*

(Céline)   *J'ai juste un secondaire 3.*

(René)   *Un faible !*

(Céline)   *J'sais même pas compter !*

(René)   *Mets-en !*

(Céline)   *Au blackjack, René, y'a honte de moé !*

(René)   Honte, tu dis ? Eille wake up McFly ! Quand est
            ce que tu vas comprendre, Céline, qu'à 21 là, tu
            d'mandes pas une autre carte !

(Chœurs)   Si a veut un autre bébé

(Céline)   Si j'veux un autre bébé !

(Chœurs)   Il faut qu'a suive René

(Céline)   Faut que j'suive René !

(Chœurs)   Les préliminaires… sont dans l'frigidaire !

(René)   À m'énarve !

(Céline)   Oui, je l'énarve !

(René)   Non, c'est pas des farces, je m'ennuie quasiment des
            Baronets !

(Céline)   Quand j'suis allée jouer à la Fureur, j'ai eu
            l'air d'une vraie habitante ! J'disais toujours
            « CHAMPION ! » René m'a dit « Farme ta yeule
            pis chantes ! ! ! ! !)

(René)   C'est ça, toi tu chantes, pis moi j'fais du cash. Ha ha
            ha ! ! !

(Chœurs)   Quand elle avait 16 ans

(Céline)   Oui, quand j'avais 16 ans…

(René)   Quessé tu vas dire là ?

(Chœurs)   René était son amant

(Céline)   René était mon amant !

(René)   Non, non, ton agent !

(Chœurs)   Ils couchaient ensemble

(Chœurs et Céline)
            Dans l'dos d'maman !

(René)   Tais-toi m'a t'poursuivre. Eille, voyons Céline t'es-tu
            en train d'perdre la carte, viarge !

(Céline)   Moi, René, je t'aime, pis toi…

(René)   TU M'ÉNARVES ! ! !

Le 11 septembre 2002

Radio Énergie a reçu une mise en demeure de la part de M. Angélil. Nous devons cesser de diffuser la parodie et l'utilisation du personnage de René. Énergie consulte leurs avocats, mais pour l'instant, on garde la même stratégie ; on reste tranquille en ondes et hors ondes.

Le 12 septembre 2002 : 07 h 00

Comme c'est mon habitude, je ramasse mes journaux du matin et je m'assieds à ma table de cuisine afin de savourer mon premier café. Le téléphone sonne... « *Je me demande bien qui est celui qui a le culot d'appeler à la maison à cette heure ?* »... Je ne me souviens plus très bien qui était la première personne, je crois qu'il s'agissait de quelqu'un de Radio-Canada. Elle me dit, bonjour, je n'étais pas trop accueillant, elle me demande si j'ai un bon réveil, je ne comprends pas très bien, au même moment qu'elle précise sa question, je vois la première page du Journal de Montréal : *Une parodie de Céline retirée des ondes, CKMF plie devant Angélil.*

Pas possible, le clan Angélil s'est organisé pour donner l'information aux journaux ! Mais pourquoi ? Qu'est-ce qu'ils ont à gagner à s'attaquer à des ti-culs comme nous autres ? On lui avait répondu que l'on ne la diffuserait plus la parodie... C'est à n'y rien comprendre.

Se sont suivis des appels d'à peu près tout le monde dans la prochaine heure, je ne faisais que répondre et raccrocher : « *pas de commentaires, pas de commentaires...* »

J'appelle Luc Tremblay et nous convenons que l'on doit organiser une conférence de presse, je serai aux bureaux d'Énergie à 9 h 30, on se fait une rencontre avec les relationnistes, avocats et la direction d'Énergie... Ça promet !

Je me mets donc à mon clavier d'ordinateur et rédige un communiqué. Celui-ci sera modifié au cours de la rencontre de 9 h 30, tout le monde le trouve trop sanglant, il faut se rappeler que ces événements se produisent un an jour pour jour avec les tristes événements du World Trade Center à New York... voici ce que j'avais écrit :

Un bien triste 11 septembre

Il m'est difficile de comprendre comment une personne multimillionnaire, qui représente une des vedettes des plus populaires de la planète, une chanteuse qui chante l'amour... déploie ses énergies et son pouvoir afin de faire taire des humoristes en cette période de deuil planétaire.

Monsieur Angélil, une personnalité de votre trempe doit s'attendre, comme toute personnalité publique, à faire l'actualité et le « sujet » des humoristes populaires. Le travail d'un humoriste consiste à faire rire et il est assez difficile de faire l'humour avec comme sujet une patte de chaise.

Soyez rassuré, les Grandes Gueules sont toujours parmi les plus grands fans de Céline, son talent et son ardeur au travail font d'elle un exemple à suivre pour toute personne aspirant à devenir artiste puisqu'il est normal de s'inspirer des plus grands pour réussir.

Je crois que de plus en plus de gens œuvrant en communications se joindraient à moi afin de vous demander réajustez votre altitude, votre jet privé vole bien bas pour frapper dans notre très petite tour de Babel.

Nous avions donc décidé de faire une conférence de presse à 11 h 30 dans le studio Énergie... Habituellement, aucun média ne se déplace pour couvrir une nouvelle radio, mais cette fois-ci c'était différent... Pour vous donner une idée de l'ampleur de l'événement, tous les médias étaient présents, la conférence de presse a été diffusée en direct dans son entièreté à RDI... 45 minutes en direct. Tous les réseaux de télévision ont parlé de la nouvelle, la plupart du temps e n ouverture de nouvelle, une bombe quoi !

Voici le communiqué qui a finalement été publié :

Un bien triste 11 septembre!

Montréal, le jeudi 12 septembre 2002 – Pour le duo d'humoristes *Les Grandes Gueules*, de même que pour les dirigeants et animateurs d'Énergie 94.3, il est bien difficile de comprendre, en ce matin du 12 septembre, l'attitude de M. René Angélil dans le présent conflit qui l'oppose à la populaire station de radio. En effet, il semble injustifié qu'une personnalité de la trempe de M. Angélil, dont la notoriété n'est plus à faire à l'échelle internationale, déploie son pouvoir et ses énergies afin de faire taire des humoristes québécois en cette période de deuil planétaire.

Où s'en va donc la liberté d'expression?

En tant que couple mettant volontairement de l'avant tous les aspects de sa vie privée et publique à des fins promotionnelles, M. Angélil et Mme Dion doivent s'attendre à faire l'objet de plaisanteries. Et à cet égard, il ne faudrait pas oublier que le travail d'un humoriste est de faire rire, et qu'il est particulièrement difficile de faire de l'humour en parlant d'une patte de chaise.

D'ailleurs, on doit ici mentionner que *Les Grandes Gueules* comptent toujours parmi les plus grands fans de Céline. En effet, son talent et son ardeur au travail font d'elle un exemple à suivre pour toute personne aspirant à grandir et à faire son chemin… Il a toujours été d'usage de s'inspirer des plus grands pour réussir!

Somme toute, ils sont fort probablement plusieurs à remettre en question l'attitude de M. Angélil. Il serait donc temps pour ce dernier de réajuster son « altitude ». Encore une fois, la liberté d'expression ne doit pas souffrir au profit de personnalités qui se servent de leur pouvoir pour museler des artistes.

Après Orson Welles, Soljenitsyne, Lenny Bruce et le Groupe des 7, voilà un autre triste exemple de pouvoir au service de la censure.

– 30 –

Source : Énergie 94.3
Renseignements : Sylvie Savard • Annexe Communications
Tél. : (514) 844-8864, poste 206 • Cell. (514) 995-6658

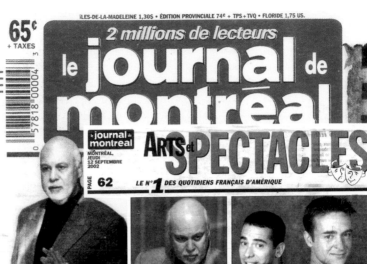

ÎLES-DE-LA-MADELEINE 1,30$ • ÉDITION PROVINCIALE 74¢ + TPS + TVQ • FLORIDE 1,75 US.

65¢ + TAXES

2 millions de lecteurs

le journal de montréal

le journal de montréal

MONTRÉAL, JEUDI 12 SEPTEMBRE 2002

PAGE **62**

ARTS et SPECTACLES

LE N° **1** DES QUOTIDIENS FRANÇAIS D'AMÉRIQUE

Une parodie de Céline retirée des ondes

CKMF plie devant Angélil
Page 62

RENÉ ANGÉLIL fait pression sur Énergie.

LES GRANDES GUEULES, José Gaudet et Mario Tessier.

Parodie de Céline : Angélil, en colère, fait taire CKMF !

René Angélil est intervenu auprès du patron d'Énergie 94,3 (CKMF) mardi pour faire cesser la diffusion d'une parodie de la chanson *I'm Alive* de Céline Dion, rebaptisée *A m'énarve* par Les Grandes Gueules.

AGNÈS GAUDET

Selon ce que le *Journal de Montréal* a appris de plusieurs sources, René Angélil aurait contacté Luc Tremblay, directeur général d'Énergie, mardi, dès qu'il a entendu la parodie du duo d'humoristes qui anime l'émission de fin d'après-midi.

Résultat : la parodie des Grandes Gueules ne passera plus à l'émission du retour à la maison, animée par José Gaudet et Mario Tessier.

Le duo, à l'antenne depuis dix années à Énergie, aurait été prévenu par la direction d'Énergie 94,3 de cesser la diffusion d'*A m'énarve* jusqu'à nouvel ordre.

À Énergie 94,3, Luc Tremblay, joint au téléphone, n'a pas voulu commenter l'événement, hier : « On verra dans les prochains jours », s'est-il contenté de dire.

Le gérant des Grandes Gueules, Jean-Pierre Cîtreoux, n'a pas voulu commenter non plus : « Mes deux gars (Tessier et Gaudet) et moi n'avons rien à dire en ce moment », a-t-il commenté au *Journal de Montréal*, hier.

Tout le réseau visé

M. Angélil, sur le coup de la colère selon nos sources, aurait également demandé qu'on cesse de faire jouer toute chanson de Céline sur l'ensemble du réseau Énergie.

Il a été impossible de savoir ce qu'Énergie a fait de cette demande de M. Angélil.

Le Réseau Énergie regroupe neuf antennes partout au Québec. Énergie est une division d'Astral Média, qui compte également Cité RockDétente, MusiMax et MusiquePlus.

On se souvient que René Angélil avait fait changer la page frontispice du magazine *7 Jours* en décembre 2000 : il avait jugé que le titre touchant la grossesse de M™ Dion, son épouse, était inexact.

Il avait aussi fait modifier son entrevue à l'émission de Paul Arcand, à TVA, en septembre 2001, à la suite des attentats du World Trade Center de New York : il souhaitait nuancer des propos tenus à l'enregistrement de l'entrevue.

La parodie *A m'énarve*, qui est passée à plusieurs reprises à leur émission cet été, fait partie des classiques des Grandes Gueules tout autant que les nombreuses imitations que font les humoristes de René Angélil.

La porte-parole de M. Angélil n'a pas retourné notre appel, hier.
– *Avec la collaboration de Patrick Lagacé.*

Source : Journal de Montréal

Photo 1ʳᵉ page et page 62 du Journal de Montréal / 12 septembre 2002

Cette nouvelle a fait le tour du monde, sans le savoir et surtout probablement sans le vouloir, M. Angélil nous a rendu un des meilleurs coups de main que l'on n'ait jamais eu afin de faire connaître les Grandes Gueules ! Chez nous, La Presse, le Journal de Montréal, Le Devoir, The Gazette et The Globe and Mail ont couvert la nouvelle en plus de tous les réseaux de télévision. Ils parlaient même des Grandes Gueules aux autres postes de radio, faut le faire ! Le magazine Rolling Stones aux États-Unis a aussi couvert la nouvelle et des échos de la nouvelle se sont rendus jusqu'en Irlande et en France.

Une tournure inespérée !

J'ai passé la journée à répondre au téléphone, les réactions pleuvaient de toutes parts, autant les gens de l'industrie, surtout les médias, mais aussi de la part du public.

Anecdote : Les fans des Grandes Gueules se sont sentis attaqués personnellement par le « clan Angélil », probablement parce que la parodie « À m'énarve » était appréciée et que l'on avait pris la décision de la retirer des ondes. La station Énergie de Québec a d'ailleurs défié M. Angélil en faisant jouer la parodie à répétition. Il a fallu que l'on s'en mêle pour qu'ils cessent ce petit manège, on ne voulait pas plus de problèmes que l'on en avait !

Les auditeurs étaient tellement choqués qu'ils arrivaient à la station avec leurs albums de Céline et les brisaient... Je vois encore la réaction de José et Mario qui tentaient de les arrêter... Faites pas ça, ce qui se passe ce n'est pas grave, on l'aime Céline nous autres...

Le soir même, TVA s'était déplacée en studio pour faire une entrevue avec les gars en direct de leur émission de radio, quelle surprise on a eue lorsque Pierre Bruno et Claude Charron nous annoncèrent, en ondes à la grandeur du Québec, que Michèle Richard serait aussi de l'entrevue ! Mme Richard était en *remote** et prenait place à la discussion afin de « défendre » ses amis René et Céline. Ce fut un vrai cirque, elle avait perdu la tête, tentant de faire un spectacle comme c'est son habitude, l'ancienne reine de TQS récidivait... Elle conclut sa partie d'entrevue en laissant son micro sur le trottoir, se retourna et marcha dans la direction de l'édifice derrière elle jusqu'à ce qu'elle s'y frappe. Nous avons récemment participé à l'émission On n'a pas toute la soirée, Pierre Bruno était aussi de la distribution des invités, en coulisse, il nous rappelait l'événement, c'est un de ses plus drôles moments de télévision en carrière et honnêtement, ce l'est pour nous aussi !

Les événements prenaient une drôle de tournure, et ce, pour une multitude de raisons :

Premièrement, M. Angélil avait, entre autres, déjà fait la manchette à quelques reprises pour avoir empêché la diffusion de magazines dont il n'aimait pas le titre. Les journalistes étaient sur son cas, ils en avaient plein le dos, l'accusant d'attaquer la liberté d'expression.

Deuxièmement, les faits qu'il nous reprochait, soit d'avoir changé les paroles d'une œuvre musicale, avaient déjà été expérimentés il y a plusieurs années par un groupe nommé : les Baronets... dont il était lui-même un des chanteurs !

Troisièmement, lorsqu'il s'est choqué, il a souvent répété en entrevue, entre autres dans l'édition du Journal de Montréal du 13 septembre 2002 (qui titrait en première page : *CKMF et les Grandes Gueules Angélil : s'explique.*) que : « *selon les derniers sondages BBM, CKMF est troisième dans les cotes d'écoute derrière CKOI et CITÉ suivi de près par CFGL et de deux stations anglophones* ». Et c'était bien vrai sauf que, ce qu'il n'avait pas réalisé à ce moment, c'est que l'émission des Grandes Gueules elle, était première dans la province de Québec... Oups !

On retrouvait aussi dans cet article, la copie intégrale de la mise en demeure, et un article relatant José et Mario qui spécifient qu'ils ne veulent pas de chicane, que tout ce qu'ils veulent c'est divertir les gens et qui invite René Angélil à venir dans leur émission pour venir rire d'eux ! On y voit aussi une photo d'eux avec une copie de l'album des Baronets dans les mains...

Toujours le 13 septembre 2002, le Devoir publie une caricature de la situation. On peut y voir une personne, ayant un écusson CKMF 94,3 dans le dos, à genoux devant René Angélil, qui écoute attentivement, les bras croisés, le Président Bush qui lui dit : « *Mister Angélil, j'ai un p'tit contrat pour vous !* » et qui tient dans ses mains une feuille marquée : ultimatum à l'Irak.

Le 14 septembre 2002

Autre caricature, dans la Presse cette fois-ci, on voit René Angélil, assis les bras croisés, qui écrase sur un animateur qui a un micro dans les mains (identifié CKMF). Cet animateur dit : « *La décision de retirer des ondes la parodie de Céline n'a aucun rapport avec les pressions de son gérant...* »

Le 16 septembre 2002

Nathalie Petrowski titre : *les gérants « s'énarvent »*

Elle fait un papier sur la situation et explique, comme c'est son métier, sa position sur le sujet. Entre autres, elle pense que : « *la parodie est une taxe imposée aux privilégiés et aux nantis. C'est aussi le prix, somme toute dérisoire, à payer quand on a gagné à la loterie de la renommée* ».

De mémoire, Mme Petrowski est la seule journaliste qui a réalisé que toute cette histoire s'est déroulée exactement un an après les événements du 11 septembre, ceux qui ont coûté la vie à 2801 personnes... Je partage ce que je comprends de son opinion : l'humour ne tue personne, M. Angélil aurait mieux fait de se taire.

Le 19 septembre 2002

La Presse publie un article : *Les notes discordantes d'une parodie.*

On y refait une description des événements suite à une entrevue accordée par José et Mario à Jean Beaunoyer. Plus important, on voit une grande photo couleur des Grandes Gueules. En dessous on peut y lire : « *Un peu ébranlé, mais pas bâillonnés, Mario Tessier et José Gaudet ont ajouté le nom d'un groupe oublié à leur liste de parodiés : les Baronets...* »

En fait, les gars ont décidé d'utiliser les ondes qui leur sont les plus favorables (celles d'Énergie) afin de s'expliquer, de la façon qu'ils connaissent le mieux, à l'aide d'une parodie portant sur les Baronets qui, à l'époque « copiait » une chanson d'un groupe bien connu : Les Beatles !

Cette parodie fut annoncée en grande pompe sur les ondes de la station de radio et, même le Journal de Montréal supportait l'événement, comme une nouvelle dans son édition du 26 septembre 2002, en invitant les gens à syntoniser l'émission des Grandes Gueules afin de découvrir cette nouvelle parodie le soir même !

Voici le texte de cette parodie :

C'est fou mais c'est nous !

(Annonceur)
            On écoute le dernier succès des Bâtonnets…
SFX :   *Grichage de 78 tours + Filles qui crient comme dans les shows des Beatles*
(René)   *Les Bâtonnets ? Me semble que ça me dit quelque chose ça ? ! !*
(les GG)   *On est pas fins*
(les GG)   *On a eu tort*
(les GG)   *Pardonne-nous notre parodie*
(les GG)   *On est Grandes Gueules*
(les GG)   *Mais on doit gagner notre vie*
(les GG)   *T'as eu tort*
(les GG)   *D'interdire notre parodie*
(les GG)   *Sur Internet*
(les GG)   *Elle circule dans d'autres pays*
(les GG)   *L'urgence (cé long)*
(les GG)   *La neige (ça fond)*
(les GG)   *Un ballon (cé rond)*
(les GG)   *Ameublement (Léon)*
(les GG)   *C'est fou, mais c'est nous !*
(René)   *(Il fredonne le refrain)*

(René)	*Il me semble que ça m'dit d'quoi cette toune-là,*
	mon instinct me dit de poursuivre,
	mais j'sais pas trop pourquoi !
(les GG)	*Dis-nous, qu'un jour tu nous pardonneras*
(les GG)	*Pour que t'ailles pus d'peine*
(les GG)	*On va rire de Lara*
(les GG)	*On est comme ça*
(les GG)	*C'est pas fort*
(les GG)	*On a encore été niaiseux*
(les GG)	*On a eu tort*
(les GG)	*De vouloir rire du bon dieu*
(les GG)	*Un ado (ça mue)*
(les GG)	*Un cheval (ça rue)*
(les GG)	*Un gros (ça sue)*
(les GG)	*Un pet (ça pu)*
(les GG)	*C'est fou, mais c'est nous !*
(les GG)	*C'est fou, mais c'est tout !*
(René)	*Bâtonnets ? ! ! Baronet ? ! !*
	Eille, c'est notre toune ça... y ont pas le droit
	de s'en servir...
(Richard Turcotte)	
	Ouan, mais René dans le temps
	vous l'aviez pris des Beatles...
(René)	*Ouin, mais... Y M'ÉNARVENT !*

Le 25 octobre 2002

Le Journal de Montréal titre en première page : *René Angélil « je suis trop impulsif »*

L'article à l'intérieur du journal était titré : *René Angélil reconnaît ses torts*

En entrevue avec Michelle Coude Lord, René lui avait confié : « *J'aurais dû me taire et régler ça en privé* » Celle-ci d'écrire : « *En 41 années de show-business, René Angélil a rarement ad-*

mis publiquement des erreurs. Voici que c'est en Belgique qu'il fait son mea-culpa. » « *Je suis trop impulsif. J'appelle rapidement les avocats. La dernière histoire avec ces gars appelés les Grandes Gueules, des inconnus pour moi, vient à nouveau de me le prouver. Mon intervention publique leur a donné de la publicité, j'aurais dû me taire et régler ça en privé.* » Il assure n'être pas du tout contre les parodies des humoristes. « *Ça me fait de la peine lorsqu'ils sont méchants et cheaps* avec Céline, mais c'est leur droit, d'autant plus que j'en ai déjà fait dans ma carrière des parodies.* »

Le 2 mars 2003

Le gala des Oliviers, étant le gala célébrant les artisans de l'humour au Québec, il était presque inconcevable qu'aucun clin d'œil ne soit fait à ce qui était communément appelé : l'affaire Angélil. Les organisateurs du gala sont donc entrés en communication avec nous afin que les Grandes Gueules participent au Gala.

Voici comment cela s'est passé : Jean-Michel Anctil, l'animateur du gala qui dit « *Et bien cette année, dans le monde de l'humour, il y a deux humoristes qui ont vécu un événement stressant : Mario Tessier et José Gaudet, les Grandes Gueules. Ils ont reçu une mise en demeure de René Angélil à propos de leur chanson parodique « À m'énarve ». Ça c'est stressant !* » On regarde… Puis il y avait sur écran géant un vidéo de José et Mario qui expliquait la situation. De retour à Jean-Michel Anctil : « *Maintenant qu'on sait par quoi ils sont passés, reste plus rien qu'à écouter la chanson qui a fait tant de vague. Ils n'ont plus le droit de chanter « À m'énarve » mais ce soir, pour nous, ils bravent l'interdit. Mesdames, Messieurs, voici deux gars qui n'ont pas peur des poursuites : les Grandes Gueules !* »

Les gars entrent sur scène et commencent la parodie, après une dizaine de secondes, un formidable coup de tonnerre retentit. La musique arrête, une lumière divine éclaire le duo, seul sur scène, ils regardent le plafond.

(Mario)   M. Angélil ?

La voix divine de René se fait entendre :

> Oui, qu'est-ce que je vous avais dit ? Quand on fait des farces sur Céline faut que ça soit gentil et respectueux.

(José)   Mais c'est juste une parodie…

(René)   Pas besoin de vous autres pour faire une parodie de Céline, Lara Fabian le fait déjà. Votre parodie, à m'énarve.

Les Grandes Gueules n'ont pas le temps de placer un autre mot, un éclair vient les foudroyer et ils explosent !

Jean-Michel entre sur scène, il est mal à l'aise

(Jean-Michel)

> Heu… je suppose que je ne peux pas faire de gag sur Céline ?

On entend le tonnerre et on voit des éclairs

(Jean-Michel)

> C'est-tu un non ça ?

Une douche laser vient éclairer Jean-Michel…

(Jean-Michel)

> Ah, c'est un non… pis Martin Matte lui ? C'est-tu correct Matte, yé pas avec Sony lui ?

La lumière cesse

(Jean-Michel)

> Ouf ! Ça tombe bien c'est lui le prochain présentateur…

Toute cette présentation était évidemment un clin d'œil, la parodie n'a pas été diffusée… De toute façon, à ma connaissance, elle n'a jamais plus été rediffusée depuis que l'on avait dit à M. Angélil qu'on la retirerait des ondes.

En conclusion

Même si nous avons tout fait ce qui est en notre pouvoir pour qu'elle ne soit plus diffusée, la parodie « *À m'énarve* » est toujours disponible sur Internet. Internet est aujourd'hui si vaste et si puissant qu'il est impossible d'avoir un contrôle là-dessus.

Depuis cette « aventure » nous avons essayé à maintes reprises de recevoir René Angélil dans notre émission, allant même jusqu'à lui offrir d'emmener l'émission directement à Las Vegas… il a toujours refusé.

Illustration : Garnotte

Caricatures du Devoir / 13 septembre 2002

Encore à l'heure où j'écris ces lignes, des contacts, qui le connaissent bien, tentent encore de voir la possibilité de le recevoir.

Je crois que toute cette histoire finirait bien si, une fois pour toutes, elle était enterrée. Les festivités entourant le 15e anniversaire des Grandes Gueules à la radio ainsi que la fin prochaine de cette ère, la dernière émission est prévue pour le 17 mai 2007, feront peut-être en sorte que le pardon prenne le dessus sur l'émotion et que, je l'espère de tout cœur, René Angélil rencontre les Grandes Gueules !

Storyboard publicité télé CD / Poursuite

Les Grandes Gueules – Poursuite

Les Grandes Gueules – Poursuite

« Gagnant du Félix / album de l'année humour 2004 »

Voir annexe 5 pour le contenu

Poursuite...

J'imagine qu'il n'est pas nécessaire d'insister sur les raisons qui ont inspiré le jeu de mots du titre de l'album...

L'album fut lancé le 6 octobre 2003 à la salle « *La passerelle du Vieux-Port de Montréal* ». Plusieurs personnalités du monde artistique étaient présentes et plusieurs auditeurs gagnants aussi. Nous n'avons jamais oublié les auditeurs de l'émission de radio, nous sommes très conscients que c'est grâce à eux que les Grandes Gueules existent.

Verso pochette Poursuite

Graphisme : Les studios Redbox inc.

Y'a rien comme jouer « live » devant le public

Les Grandes Gueules Live en action...

La radio-spectacle

La radio comporte ses avantages et ses inconvénients. Le pire inconvénient étant que l'on n'a pas la réaction du public. Il est vrai, que depuis quelques années, les télécopies, les courriels et les autres nouveaux moyens de communication font en sorte d'atténuer cet inconvénient, mais même avec la venue de ses outils technologiques, la proximité de l'animateur avec son public n'est en rien comparable à la scène par exemple.

Afin de combler ce manque, étant donné que les gars n'avaient pas le temps d'écrire un autre spectacle, il m'est venu une idée que j'ai baptisé : la radio-spectacle. Ainsi, nous ferions de la radio devant public, capterions l'événement et en ferions un DVD ; *Les Grandes Gueules Live*. José et Mario n'ont pas cessé de « m'écœurer » avec ce nom d'ailleurs… c'est un nom marketing qu'ils disaient… !

Marketing tant que vous voudrez, il dit ce qu'il a à dire.

Je chéris, depuis longtemps, le rêve de ramener les *radioromans**
à la radio. C'est compliqué et beaucoup de travail, mais rêver ne coûte rien non ? Cette opération serait trop compliquée et coû-

* Voir le lexique

teuse pour ce qu'elle pourrait rapporter à une station de radio, du moins si elle se faisait avec les standards des Grandes Gueules.

Les Grandes Gueules Live est donc l'alternative que l'on a trouvée de plus proche et nouveau afin d'offrir un produit différent de ce que les auditeurs peuvent trouver sur le marché. Les gars ne voulaient plus offrir de « réchauffé », des sketches qui sont déjà passés à la radio édités sur format CD.

Je trouve encore l'idée extraordinaire, et ce, pour plusieurs raisons :

- c'est ce qui se rapproche le plus de ce que les Grandes Gueules sont ;
- cela permet aux auditeurs d'enfin voir comment cela se passe à la radio ;
- cela permet aux gars de savoir, sur-le-champ, si la clientèle aime ce qu'ils font, de par sa réaction ;
- cela confirme aussi que leur humour est apprécié, ils doivent être drôles puisque le public rit !

Anecdote : Pour le lancement de cet album, nous avons vraiment fait les choses en grand, non pas que cela a été un gros lancement avec beaucoup d'artistes présents, nous l'avons plutôt fait dans l'intimité, chez un auditeur, dans son salon ! En effet, nous avons eu l'idée de gâter un auditeur et avons organisé le tirage du lancement. L'auditeur gagnant recevrait les Grandes Gueules, ainsi que l'émission de radio et tous les journalistes et artistes qui voudraient êtres présents pour l'événement.

Le lancement a eu lieu en Outaouais, nous avons dû louer un avion de 50 places pour emmener toute l'équipe. Un lancement original pour un album original… intéressant non ! Intéressant, mais encore une fois… coûteux.

Les Grandes Gueules Live
« Gagnant du Félix / album de l'année humour 2005 »
Voir annexe 6 pour le contenu

Au début, nous avons sorti un CD de l'enregistrement. Par la suite, nous nous sommes rendu compte que ce serait finalement possible d'offrir le produit sur un nouveau format, le CD/DVD. Cette nouvelle technologie qu'il nous a fallu faire venir de France, nous permettait d'avoir l'audio (CD) d'un côté et la vidéo avec audio de l'autre (DVD). Nous avons donc sorti quelques mois plus tard *Les Grandes Gueules Live Éditions limitées.*

Anecdote : le produit était tellement nouveau que nous avons presque marqué son histoire... Le groupe Simple Plan fut le premier à utiliser ce produit au Canada... la sortie du leur s'est fait que quelques jours avant le nôtre.

Recto CD Live et CD Live limité

Photos : Michel Gagné et Richard Pichet

Deux ans plus tard, nous avons récidivé avec *Les Grandes Gueules Live 2...* le titre n'est pas très original, mais encore une fois, il dit ce qu'il a à dire !

Y'a rien comme jouer « live » devant le public

Les Grandes Gueules Live 2

« Trop tôt à la date de l'écriture de ce livre
pour vous dire s'il a gagné quoi que ce soit ! »

Voir annexe 7 pour le contenu

Photo : Michel Gagné

Les Grandes Gueules Live 2 en action...

Photo : Michel Gagné

Les Grandes Gueules Live 2 en action...

Les Grandes Gueules Live 2 en action...

Les Grandes Gueules Live 2 en action...

La base du succès des Grandes Gueules

La synergie des différences

José le politicien

Plusieurs savent que José a travaillé au cabinet du premier ministre Robert Bourassa. Il travaillait dans le département de logistique. Il devait s'assurer que le premier ministre ne manque de rien lors de ses déplacements. Je ne sais pas si c'est à cette occasion qu'il a appris à planifier ou si c'est parce qu'il savait planifier qu'il a eu ce travail, un peu comme la poule et l'œuf… on ne saura jamais lequel est venu en premier, mais une chose est sûre… José est un fin stratège.

Difficile de s'imaginer qu'un artiste est un stratège ? Je crois que c'est surtout une question de paradoxe, quoi que le sens artistique vienne habituellement avec une forme d'insécurité particulière, je ne crois pas que le fait d'avoir un tempérament d'artiste fasse nécessairement en sorte que celui-ci ne puisse s'administrer, tant au niveau financier qu'émotif !

Des deux membres du duo, José est celui qui a le plus de facilité et affinité à placer les éléments, surtout si ceux-ci ne sont pas concrets. Il est celui qui, sans que cela ne soit jamais vraiment dit, s'occupe du *pacing**.

De par sa façon d'être, il prend toujours le temps de mûrir une décision, ce qui ne l'empêche pas de se laisser aller à la dérive lorsqu'il est temps de *brainstormer**.

Le politicien en lui fait en sorte qu'il est un des éléments importants dans la synergie de groupe des Grandes Gueules.

De plus, même si parfois il peut sembler ingrat parce qu'il pense en avance et, par le fait même, pense aussi à lui dans le processus, José est aussi très porté sur les autres, il est à l'écoute. Ça vient avec, pour être un bon stratège et prendre une bonne décision, il faut avoir tous les éléments en main, la cueillette d'information est donc essentielle, de là la nécessité d'écouter ce que les autres ont à dire.

La base du succès de Grandes Gueules

Autres traits de caractère, José est un *lover*, il aime aimer. On a qu'à regarder sa façon d'agir avec ses enfants, il passe son temps à leur dire qu'ils sont beaux, ils sont bons, qu'il les aime ! Pour lui, c'est une façon de construire de la confiance en soi, leur donner les bases qu'il a reçues lui-même, bases en lesquelles il croit.

C'est un ami fidèle et fiable, à cause de son sens analytique, il sera très difficile de cacher quelque chose à José, il est branché sur les « ondes » humaines, les ambiances, les vibrations. Il sera le premier à constater que son ami ne va pas bien ou a des problèmes et il se proposera pour l'aider.

Anecdote : Alors que nous étions en déplacement en voiture José et moi et, alors que l'on parle de tout et de rien, vient le sujet des finances personnelles. Je fais part à José que je suis serré de ces temps-ci, nous avions des projets d'affaires qui étaient tombés à l'eau et je venais d'investir beaucoup d'argent (pour mes moyens du moins) dans des terrains en Estrie.

Ce n'était qu'une situation temporaire, je ne fais pas pitié, loin de là, mais j'étais tout de même serré, du moins pour quelques mois. Il arrête la voiture, sort son carnet de chèques de son sac et commence à écrire. « Qu'est-ce que tu fais là ? » « J'ai un peu d'argent de côté, pis on n'est pas dans une situation pour te voir manquer d'argent, on a besoin de toi, c'est une situation temporaire, je sais que tu vas me le remettre... » Puis il grafigne le chèque... Comme je vous le disais, José est à l'écoute de son monde. Encore une fois, il m'a démontré sa confiance et son amitié sincère.

José a aussi un petit côté astral, d'un point de vue psychique, il se fie à ses *feelings* et prend le temps de se connecter sur son intérieur profond et de le consulter avant de prendre action.

Il a aussi un petit côté dont certain pourraient qualifier de paresseux. En réalité, il n'aime pas travailler pour rien, il mettra les efforts nécessaires pour atteindre un objectif, mais il le fera à sa façon. Il suit sa logique, sa façon d'être, pourquoi se *garrocher** partout afin de se rendre à un but, prenons le temps de sortir une carte et voir quel est le meilleur chemin possible pour s'y rendre...

Il nous est arrivé mille fois de dire, on va dormir dessus et l'on en reparlera demain, cette action résume bien sa façon d'être et agir !

José est un très bon vendeur, il va te convaincre, « te laisser mûrir jusqu'à ce que tu sois prêt à être cueilli », et il va fermer sa vente.

Mario le guerrier passionné

Quel batailleur que ce Mario. Il a été formé à l'armée pendant trois ans, il a appris à manier les armes, se battre pour gagner, mettre tous les efforts nécessaires pour atteindre le but. Mario ne baisse jamais les armes, il mourra au combat. De toutes les personnes qu'il m'est arrivé de rencontrer dans ma vie, Mario est celui que je choisirais comme partenaire pour aller à la guerre. Pour lui, c'est très clair, tu fais partie de son équipe ou tu es dans le clan ennemi, il n'y a pas de zone grise !

Mario ne vise pas d'objectifs, il est en mission, perdre n'est pas une option ! Il gère l'urgence, tout est urgent d'ailleurs, il faut régler ça maintenant ! Il sait saisir les opportunités dès qu'elles se présentent.

Il est aussi une usine à idées, « *j'ai eu un flash* » ou « *j'ai pensé à quelque chose* » comme il dit. Tous les jours que le Bon Dieu emmène, il me dit une de ces phrases ! Il n'est jamais à court d'idées, nous pouvons le constater d'ailleurs quand on examine attentivement le nombre de personnages qu'il a créé pendant cette ère radio. Pour Mario, une idée n'attend pas l'autre, tout l'inspire, tout le passionne.

Mario est aussi doté d'énergie comme on voit cela rarement. Il bouge tout le temps. C'est parfois à se demander si ses journées ont 48 heures au lieu de 24 ! Peu importe comment il est occupé (et croyez-moi, il l'est), il trouvera le moyen de jouer avec ses filles, s'entraîner ou jouer au golf, et ce, avec passion et implication. Il en a besoin pour son équilibre personnel. Il est l'amant de la qualité. Il faut que les choses soient bien faites, il a besoin d'objectif clair et bien défini. Avec Mario, c'est blanc ou c'est noir, le gris n'existe pas, c'est une dimension qu'il ne veut pas connaître, ça

* Voir le lexique

ne l'intéresse pas, c'est pour lui une perte de temps. Il doit être passionné, il ne peut être neutre, la passion le motive, le nourrit.

Mario a un côté *insécure** qui le porte à penser à lui en premier. Par contre, son lui comprend aussi sa famille, c'est un tout. Lui, sa famille, ses amis proches ne forment qu'un. C'est un genre de « lui élargi ». Ce trait de caractère fait de lui un des meilleurs amis que l'on puisse souhaiter avoir dans notre entourage.

Lorsque Mario est en présence de ses filles, il est attentif, dès que l'une de celle-ci passe près de lui, ses yeux scintillent et il leur adresse la parole, chacune de ses phrases contient un « mon amour » ou « mon lapin », il les traite comme des princesses, elles sont la prunelle de ses yeux.

L'acharnement qu'il mettra dans le travail ou dans l'atteinte de sa mission peut parfois être fatigant pour ses coéquipiers, il est dur à suivre, par contre, l'acharnement qu'il mettra à démontrer son amitié et son amour est rassurant et confortant.

Anecdote : je me souviens d'un souper d'affaires bien arrosé que j'ai eu avec un des dirigeants d'Énergie. Le souper s'est terminé vers 21 h 30. Je n'étais pas en état de conduire et je le savais très bien. J'appelle Mario pour lui faire part des résultats de ma rencontre, il est en train de souper avec des amis. Il me demande ce que je fais, je lui dis que je vais marcher quelques heures au centre-ville le temps d'être en état de conduire. « Pas question, j'arrive ! » Malgré le fait que je le rassure, que je serai correct dans quelques heures ; « je vais prendre le temps que ça prend », il cesse son souper, demande à un de ses amis de l'accompagner et retentit au centre-ville pour me cueillir ainsi que ma voiture… Un ami de Mario ne sera jamais mal pris, en tous les cas, pas s'il est en mesure de changer quelque chose à la situation !

Anecdote : Je venais de perdre mon chien Octave, un cocker épagneul américain. Comme tous propriétaires d'animal de compagnie, je l'aimais beaucoup. Un chien dévoue un amour inconditionnel à son maître, j'avais dû le faire euthanasier parce qu'il était trop malade et trop vieux. Octave a fait parti de mon quotidien pendant 13 ans et j'étais très peiné. Mario, qui venait de prendre possession de sa première maison, avait reçu un chien en cadeau de son frère Yves. Il faut se mettre dans le contexte, Mario prend très soin de ses affaires, il est d'une propreté au-dessus de la moyenne, chaque chose à sa place. L'arrivée de ce chiot dans la maison bouleversait ses habitudes... le chien courrait partout et grafignait les planchers neufs. Après quelques semaines, il me donne un coup de téléphone : « Ouin J-P, écoute chus pus capable, si tu veux un autre chien, viens le chercher, t'as vingt minutes... j'vas l'tuer ! ».

Je suis donc allé chercher le chien, un superbe Labrador chocolat nommé Bistro, qui d'ailleurs, fait aujourd'hui l'envie de Mario de par son attitude exemplaire... Tout ça pour vous dire qu'encore aujourd'hui, je ne suis pas certain de la raison réelle pour laquelle Mario m'a appelé ce jour-là. Oui, je suis convaincu que Bistro le rendait fou, mais je connais bien Mario, il en serait venu à bout c'est certain. J'aime m'imaginer qu'il a fait cette action parce qu'il savait très bien que ça me ferait plaisir et que ça m'aiderait à passer à travers la séparation que je vivais de mon fidèle compagnon.

Il a peine à prendre des vacances, comprenez-moi bien, il aime avoir des vacances, mais pas trop longtemps. Mario ne s'installera pas à rien faire, pour lui, ce n'est pas une façon de relaxer, en fait, je crois sincèrement que ça le stresse ! Il est toujours plein de projets, je vous le dis, les batteries du lapin *Energizer* ont la fiabilité et l'endurance d'une Lada par rapport aux batteries de la Ferrari de Mario !

Mario est aussi un excellent vendeur, il négocie tout. Il va te *gosser**, revenir à la charge jusqu'à ce que tu sois fatigué, affaiblit. Il se sert de son énergie supérieure jusqu'à ce que tu abdiques et dises oui. Pour lui, vendre semble être un jeu, et comme dans toutes autres situations, il joue avec passion, Mario est un gagnant !

Les Grandes Gueules : un couple !

Leur relation a souvent été comparée à celle d'un couple, non pas un couple dans la vie, vous ne trouverez pas plus hétéros que ces deux-là... mais bel et bien un couple professionnel.

Dans les faits, il est vrai que leur relation ressemble à celle d'un couple. Si c'est le cas, José joue le rôle de la fille et Mario celui du gars, c'est certain. José étant plus sensible, branché sur ses émotions, Mario trouvant que ça fait assez longtemps qu'on en parle, « *c'est donc bien compliqué !* ». Ce commentaire est bien évidemment fondé sur des images stéréotypées de la différence entre l'homme et la femme, mille excuses Mesdames…

Comme tout couple qui se respecte, ils partagent joies et peines. Lorsque tout va bien, c'est l'amour, lorsque ça ne va pas, des petites chicanes. Mais, je crois sincèrement qu'ils sont inséparables. Il se peut bien que leur destin fasse en sorte que leurs chemins se séparent un jour, mais je crois qu'ils resteront « soudés » à jamais, pour le meilleur et pour le pire !

Anecdote : Il n'y a pas grand-chose qui me fasse plus rire que José et Mario qui ont un argument. Le ton monte, les bêtises qu'ils se disent se transforment en vacheries jusqu'à ce que l'un des deux en dise une tellement « solide » que l'autre ne puisse s'empêcher d'en rire.

Frères cosmiques ?

José et Mario sont nés avec un mois et un jour d'écart. Lorsque leurs conjointes respectives sont tombées enceintes, ce fut une surprise pour tout le monde, quoique je savais qu'ils désiraient des enfants tous les deux je ne savais pas que ça s'en venait et encore moins que les deux feraient ça en même temps. Selon les gars, c'est un concours de circonstances… Ils se sont retrouvés tous les deux avec les mêmes conditions simplement parce qu'ils partagent le même horaire… Pas sûr !

Anecdote : Le plus drôle dans l'histoire c'est que, lorsqu'ils sont allés voir le médecin afin de s'assurer que tout était correct, ils ont reçu, chacun de leur côté évidemment, une date prévue pour l'accouchement… les dates prévues avaient un mois et un jour de différence !

Je me souviens d'une négociation avec un client, je fais un compte-rendu téléphonique aux gars, chacun leur tour. J'explique donc à Mario que le client m'avait dit que son budget était de 10 000 $ et que selon la conversation que j'avais eue, je croyais bien qu'il me reviendrait avec une offre de 20 000 $… il me répondit « *Ouin, 25 000$ c'est un bon deal… Clown !* ». J'appelle donc José pour lui conter la même histoire… sa réponse, « *C'est sûr qu'à 25 000$ ce serait un bon deal !* ». Double « *Clown !* ». Les deux ont donc eu la même réaction (de renchérir l'offre), c'est peut être leur façon de me stimuler ! S'ils ne sont pas des frères cosmiques, le moins que l'on puisse dire c'est qu'ils sont connectés… en voici un autre exemple.

Anecdote : Lorsque l'on a commencé à placer le spectacle : les Grandes Gueules Le Show, je me souviens très bien d'être assis dans la salle lors de la première répétition. Les gars occupaient la scène et bougeaient de façon synchronisée, sans que ce soit planifié ou mis en place par un metteur en scène. En tout temps, chacun d'eux savait ou était l'autre, sans même le regarder. Comme s'ils étaient connectés par un fil conducteur invisible.

Tricotés serrés

Cette « connexion » qui existe entre les deux gars s'exprime en synergie. Son existence est un des éléments importants dans la réussite professionnelle de ce duo d'humoristes.

À part la période armée et politique, José et Mario ne se sont jamais lâchés. Lorsque nous avons commencé à travailler ensemble, il y a de cela environ 14 ans, je me souviens encore de les voir partir en vacances ensemble. Je leur disais : « *vous êtes ensemble tous les jours, presque sept jours sur sept, ça ne vous tente pas de partir en vacances chacun de votre côté et de vous ressourcer, de prendre des vacances l'un de l'autre, vous êtes toujours ensemble…* » et eux de répondre : « *Oui, on est toujours ensemble pour travailler, mais on a jamais de temps ensemble comme chum, juste pour "tripper" fac c'est là que l'on se reprend !* »

Anecdote : José et Mario aiment bien négocier, je me souviens d'un certain bâton de golf qu'ils se sont amusés à se vendre et se revendre pendant des années. Toutes les fois qu'ils jouaient au golf ensemble, celui qui n'en était pas propriétaire tentait de l'acheter de l'autre à rabais. C'était drôle à voir, parfois les rôles changeaient, et le propriétaire du bâton voulait le vendre parce qu'il jouait mal et l'autre de profiter de l'occasion pour faire baisser le prix… La négociation était un de leur sport favori, ils faisaient de même avec leur montre aussi, deux vrais clowns !

Il y a environ cinq ans, vient le temps pour eux de s'acheter une première maison (pas vraiment le temps, mais plutôt les moyens). Mario décide donc de se faire construire à Candiac, quelques mois plus tard, José se fait construire... aussi à Candiac, à quelques coins de rue ! Leur explication : c'est plus facile pour voyager, on prend juste une auto, on a le même horaire de toute façon !

Quoi que les choses aient bien changé au cours des dernières années, ce qui coïncide principalement avec l'arrivée des enfants, il n'en demeure pas moins qu'ils restent très liés.

L'équipe

Tout artiste œuvrant avec succès dans le *show-business* est supporté par une équipe, l'organisation entourant celui-ci est une vraie PME.

Je ne pourrais passer sous silence le dévouement et la loyauté des personnes suivantes : (mille excuses pour tous ceux que j'oublie).

Anne Laplante et Sylvie Savard
>   Annexe communications (Relationnistes)

Richard Pichet
>   Les Studios Redbox (Graphisme, montage vidéo, réalisations graphiques, conception du site Internet)

Jonatan Laberge
>   Les Studios Redbox (Programmation DVD et programmation du site Internet)

Scott Daoust (Retouches graphiques)

Michel Girard
>   Studio Percu Son (Musique et montage sonore)

Stéphane Bachand (Musicien-compositeur)

Nancy Fortin, Éric Bisaillon, Véronique Frappier (Chanteurs)

Robert Hurtubise
>   AK pella communications (Droits d'auteurs)

Michel Gagné (Photographe)
Suzanne Denis (Assurances)
Diane Coudé (Fabrication de costumes)
Dominique Girard (Chorégraphe)
Maurice Courtois et Marie-Lucie Guimond et toute leur équipe
DEP (Production et distribution CD-DVD)
Garf
Omni son (Fournisseur équipement son et éclairage)
Vincent Fournier (Directeur technique, GG Le Show)
Catherine Fournier (Accessoiriste, GG LeShow)
Frédérique Janelle (Accessoiriste, GG Le Show)
Luc Daoust (Sonorisateur, GG Le Show)
Caroline Poulin (Administration, GG Le Show)
Renée Charron (Adjointe Radar International, GG Le Show)
France Boulanger (Maquillage)
Daniel Demontigny
Notaire (Documents légaux, conseils juridiques)

Le respect des fans

La plus belle qualité de José et Mario, d'un point de vue profes-sionnel, c'est le respect inconditionnel qu'ils portent à leurs fans. Ils sont conscients que c'est eux qui font en sorte qu'ils peuvent manger, avoir une maison et surtout, se surpasser dans leur car-rière ! Ils ont prouvé leur attachement à maintes reprises.

*Anecdote : Lorsque l'on a commencé à diffuser **Les Grandes Gueules Le Show**, je vous l'ai déjà mentionné, on ne connaissait rien à cette industrie, de plus, on s'était pris sur le tard pour réserver les dates de salles et, honnêtement, il n'y avait pas grand monde qui voulait nous donner un coup de main ou un « break » comme on dit... nous avons donc pris la décision d'essayer de faire deux spectacles le même jour (dû au manque de dates disponibles). C'est certain que c'était demander beaucoup aux gars, ils faisaient souvent deux heures et demie de specta-cle, parfois trois heures, j'étais donc inquiet quant à l'énergie nécessaire pour faire le deuxième spectacle, en auraient-ils assez ?*

Les gars eux avaient une autre préoccupation... Il faut savoir, qu'ils rencontraient les spectateurs après chacun des spectacles, parfois cela durait deux heures, faut le faire. Donc, ils m'ont demandé : « qu'est-ce que l'on va faire, on ne pourra pas rencontrer le public après le show, on ne peut pas faire ça ». Nous n'avions pas vraiment le choix de toute façon, nous avons donc convenu de faire imprimer des photos d'eux, format carte postale, et d'engager des gens pour les remettre à chacun des spectateurs. Et bien, croyez-le ou non, ils ont signé chacune des cartes postales personnellement, une à une, à la main. J'aurais bien pu faire imprimer leurs signatures, pas question, ils voulaient donner quelque chose de personnel à chacun des spectateurs. Après près de 15 ans dans le métier, je n'ai, personnellement, jamais vu une attitude pareille !

L'attitude des gars a aussi fait en sorte, avec les années, qu'ils ont gagné le cœur des artisans de l'industrie. Que ce soit, les relationnistes, les maquilleurs, coiffeurs, caméramans et autres, tout le monde, sans contredit, aime travailler avec les Grandes Gueules. Ils sont fins, respectueux et à l'écoute de tout ce beau monde. Ils ne se prennent pas pour des vedettes, ils ne se prennent pas pour d'autres.

Je l'ai dit à maintes reprises, ils sont égaux à eux-mêmes, que ce soit à la radio, dans la rue, à la télé ou dans ma salle à manger, ce sont les mêmes bons gars. Ils ne jouent pas de *games**, ils sont juste faits comme ça et, bien honnêtement, c'est tout à leur honneur.

C'est une autre des facettes de la recette (ou peut-être la plus importante facette de la recette) qui fait en sorte qu'ils atteignent le succès. Leurs fans les respectent et les apprécient et vous savez quoi ? De mon point de vue ; ils ont raison. Cette industrie est parsemée de trous de cul (pardon pour l'expression) qui ne méritent pas, mais pas du tout, que les gens les aiment. Trop souvent on rencontre des « pseudo-vedettes » qui se prennent pour d'autres et qui n'ont aucun respect pour le peuple, celui qui pourtant, les fait vire ! Nous avons toujours gardé en tête qu'un spectateur qui paye pour un billet de spectacle a peut-être pris son dernier 30$ de la semaine et a choisi de le dépenser pour venir voir les

Grandes Gueules. Il a pris cet argent, durement gagné, et a choisi de venir se faire divertir, ce montant représente peut-être tout ce qu'il a, parfois même ce qu'il n'a pas (le crédit est facile et sournois) nous avons toujours respecté le client, il nous fait confiance et il ne doit pas être déçu.

Je ne me souviens pas d'une seule fois où, les Grandes Gueules ont déçu leur public et, si c'est arrivé, ce n'était pas dans leur intention, jamais.

Encore aujourd'hui, ils reçoivent des milliers de courriels, et prennent la peine de répondre à chacun d'eux, dans la mesure du possible. Que ce soit parce qu'un auditeur a une plainte à formuler ou parce qu'il veut les encenser... ils répondent, encore une fois dans la mesure du possible, à tout le monde.

Les paradoxes – tout remettre en question

Les paradoxes sont une des pires embûches à la réussite. Un paradoxe pourrait être décrit comme étant l'art de croire que quelque chose ne se fait pas parce que l'on pense connaître comment se fait ce quelque chose.

Le plus bel exemple qui me vient en tête provient de Suisse. Autrefois, les horlogers suisses étaient reconnus à travers le monde. Dans les faits, 80 % de toute la production mondiale de montres provenait de Suisse. En 1967, deux jeunes Suisses ont découvert le quartz. Ils avaient trouvé qu'avec son utilisation, une montre pourrait être plus fiable. Ils ont donc entrepris de présenter leur découverte aux horlogers suisses. Ils se sont fait répondre qu'ils ne connaissaient rien aux montres, que les Suisses « contrôlaient » 80 % du marché mondial , les horlogers suisses croyaient tellement en leurs produits et connaissances qu'ils ne pouvaient jamais s'imaginer perdre leur marché... Erreur. À une certaine période, à peine quelques années plus tard, 80 % de la production mondiale de montres parvenait du Japon. Les Japonais avaient écouté les Suisses qui ont découvert le quartz, aucunement influencés par ce qu'ils croyaient connaître, ils avaient vu l'extraordinaire marché potentiel de ce produit. Ils n'avaient pas de paradoxe !

C'est une autre facette importante du succès des Grandes Gueules, parce que nous aimons faire nos choses nous-mêmes, avec notre même petite équipe, nous entreprenons des projets sans connaître comment ils sont supposés être faits. On ne connaît pas ça et, par le fait même, avons très peu de paradoxe pour nous influencer.

Habituellement, les nouveaux venus s'associent à des producteurs, qui sont censé connaître ça, nous n'avons pas suivi ce chemin. Lorsque nous avons décidé d'aller en spectacle, nous avons fondé une compagnie de production. Lorsque nous avons décidé de sortir un disque, nous avons fondé une étiquette, c'est-à-dire une compagnie de disques.

Cette façon de faire est aussi communiquée aux gens avec qui nous travaillons. Celui qui a réalisé le graphique de notre premier CD n'en avait jamais fait un avant. Va de même pour la création du DVD, tant au niveau montage que production. Nous encourageons les équipes avec lesquelles nous travaillons à profiter de l'inconnu, voir l'inconnu comme un avantage et non un inconvénient.

Il est évident que cette attitude fait en sorte que l'on est sujet à faire des erreurs, mais les résultats obtenus avec les différents produits que l'on a mis en marché m'ont convaincu qu'il y avait plus d'avantages à travailler de cette façon que de suivre le chemin dit « normal ».

Le « teamwork » et ses règlements

La structure sur laquelle sont fondées Les Grandes Gueules est fort simple : José et Mario sont en avant-scène et je suis en arrière-scène. Nous avons chacun nos sphères d'opération. Ils sont responsables du produit, je m'occupe de la mise en marché et des opérations.

Je ne mêle pas de leurs *jokes**, ils ne se mêlent pas de mes négociations.

Ce n'est évidemment pas aussi clair que ça, mais c'est proche. Dans les faits, tous et chacun de nous est pas mal au courant de ce qui se passe dans la cour du voisin, mais nous avons instauré quelques règles qui font en sorte que l'opération est bien huilée.

Règle n°1

Nous travaillons à la réussite d'un produit : les Grandes Gueules. Les intérêts de ce produit doivent passer avant ceux des personnes qui le constituent.

Règle n° 2

Autant que possible, José, Mario et moi devons être en accord avec une décision.

Règle n° 3

Lorsqu'il y a un désaccord, on discute et chacun essaye de prouver qu'il a raison jusqu'à ce que les trois soient en accord.

Règle n° 4

Si on n'y arrive pas, la majorité l'emporte.

Règle n° 5

Celui qui n'était pas d'accord, va faire confiance aux deux autres et mettre toutes ses énergies pour que la décision fonctionne, même s'il n'était pas en accord avec celle-ci.

L'explication de ces règles peut paraître simpliste, mais la mise en application de celles-ci ne l'est pas tant que ça. Personne ne détient la vérité et plus d'un chemin mène à Rome, le respect de ces règles nous permet de trouver ce que nous considérons comme étant le meilleur chemin, pour nous, afin de nous rendre là où l'on veut aller.

Nous avons aussi une **6e règle** non écrite : Chacun a un droit de veto dans sa principale sphère d'activité. Autrement dit, prenons l'exemple d'un gag en spectacle. Disons que je trouve qu'il est trop osé et qu'il nuit au positionnement de l'image de marque des Grandes Gueules. J'en discute avec les gars, on ne s'entend

* Voir le lexique

pas, mais pas du tout, au point où je ne veux pas que les règles 4 et 5 soient appliquées, autrement dit ça peut être long... et bien pour régler ces situations, nous avons un genre de droit de veto. Le gag étant à la base du problème et étant dans la cour de José et Mario puisqu'ils sont responsables du produit, c'est à eux que revient le choix d'utiliser le droit de veto et de le garder dans le spectacle. Je dois vivre avec.

La même situation peut tout aussi bien se produire à l'inverse, s'ils ne sont pas en accord avec une stratégie de négociation que je désire employer, on peut bien s'obstiner, mais j'utiliserai mon droit de veto et ferai ce que je crois qu'il faut faire.

Nous n'avons jamais crié le droit à l'utilisation de ce droit de veto, nous savions qu'il était là en principe, mais les règles 4 et 5 ont toujours su faire l'affaire.

Anecdote : Je me souviens de deux occasions par contre où j'ai fait de « l'ingérence », l'une à la radio et l'autre à la scène.

J'étais toujours présent aux répétitions du spectacle, je n'avais pas vraiment le choix, celles-ci se faisaient dans ma voiture en s'en allant au spectacle... Je répétais donc avec les gars, je savais toutes les répliques par cœur. J'aimais particulièrement un des gags, il me faisait et me fait encore rire, mais celui-ci ne marchait pas. Les spectatrices le trouvaient probablement trop hard* (avec raison) et les spectateurs, souvent accompagnés de leur blonde, n'osaient pas trop le rire (probablement par peur de représailles !) José et Mario avaient tout simplement décidé de l'extraire du spectacle, « ce n'est pas un gag qui fait une différence, ce n'est pas comme si on en manquait dans ce show-là » qu'ils disaient... et c'était vrai. Néanmoins, je profitais des répétitions pour frapper sur le clou et insister pour qu'ils le remettent dans le spectacle. Les gars ont tenté de refaire le gag, il ne passait pas plus que les autres fois et ont cessé de le faire à nouveau.

Je me fais plaisir et vous le raconte... juste pour voir s'il passe mieux en papier !

Une fille regarde un film d'amour avec son chum et lui dit, « regarde le gars, il apporte des fleurs à sa blonde, la regarde dans les yeux amoureusement, c'est pas toi qui ferais ça... » et son chum de répondre... « regarde la fille c'est Sharon Stone... C'est pas toi qui aurais l'air de ça ! ».

Je dois vraiment avoir du « Robert » en moi quelque part... j'en pisse sur mon clavier tellement je me bidonne.

Il y a une autre règle non écrite qui régit notre fonctionnement : à moins qu'il y ait quelque chose de très important, j'essaye de ne pas déranger les gars de midi à 18 h (pendant qu'ils travaillent à la radio) surtout pendant l'émission (15 h 30 à 18 h). Il m'arrive aujourd'hui de les appeler à l'occasion, mais je tente de le faire le moins souvent possible. Je me souviens par contre d'une fois où je n'ai pas uniquement dérangé pendant l'émission, mais en plus, je n'étais pas content et je leur donnais des bêtises, je leur donnais d'la marde, en bon français. Chose à ne pas faire... même s'ils ont l'air de s'amuser et très sûrs d'eux quand ils sont en ondes, la réalité est qu'ils travaillent, oui bien sûr ils s'amusent, mais en travaillant. De plus, tout artiste a un peu d'insécurité en lui, il est donc mal venu de « l'ébranler » pendant qu'il performe, mais cette fois-là, ils avaient franchi les bornes.

En 1994, Lucien Bouchard, ancien premier ministre, s'était fait amputer la jambe quelques semaines auparavant à cause d'une maladie (la myosite nécrosante), il n'y a rien de drôle le dedans. Les gars avaient fait un sketch qui faisait mention de ce fait et je ne l'avais pas trouvé drôle du tout. Ce n'est pas le sketch que je n'ai pas trouvé drôle, mais bien le sujet.

Souvent, nous avons reçu des offres pour José ou Mario en solo. Nous les avons presque toujours refusées. Afin de respecter la règle n° 1, nous avions instauré une façon de faire assez particulière. Lorsqu'une telle offre se présentait, nous l'examinions afin de savoir si elle avait une influence positive ou négative sur l'image et l'avancement des Grandes Gueules. Et pour nous assurer que personne ne pousserait sur l'acceptation de l'offre pour des besoins personnels, nous avions décidé que dans le cas où nous acceptions une offre qui n'emploie qu'un seul des gars, celui-ci devrait remettre la moitié de son salaire à l'autre.

La base du succès de Grandes Gueules

C'est arrivé dans le cas de Prêt Plus. Mario avait été approché afin de devenir M. lavabo dans les campagnes publicitaires de Prêt Plus. Le concept était intéressant et ne nuisait pas à l'image du duo. Nous avons donc accepté cette offre et Mario a versé la moitié de son salaire à José, même si celui-ci n'a rien fait dans ce dossier.

Anecdote : je me souviens d'un autre bel exemple de teamwork. La principale embûche qu'un artiste devra combattre est de se faire connaître. Au début, il est très difficile d'obtenir des contrats et par le fait même de se faire voir. Ce n'est pas vraiment différent pour les autres métiers, tous les employeurs demandent que vous ayez de l'expérience avant de vous embaucher, mais comment voulez-vous avoir de l'expérience s'il ne vous embauche pas... c'est une des aberrations du système !

Les artistes établis font souvent des premières pages de magazines et les premières pages de magazines font en sorte que les artistes deviennent établis... c'est la même problématique que celle des employeurs.

À une certaine époque, José était fiancé à Véronique Cloutier et Mario pour sa part, était en couple avec Chantal Lacroix.

Les Grandes Gueules n'avaient jamais eu de première page de magazine. Nous avons reçu des offres pour que José fasse une première page avec Véro et la même chose pour Mario et Chantal.

C'est un rêve que de faire une première page, c'est bon pour l'ego, ça confirme que tu es, ou es en train, de t'établir comme artiste dans le cœur du public et de l'industrie.

Dans ces deux cas, nous avons refusé de le faire, la réponse des gars était la même sans même qu'ils ne se soient consultés : quand je ferai une première page ce sera avec mon partenaire, la première page portera sur les Grandes Gueules.

C'est du « teamwork » ça Monsieur !

Ils ont finalement eu leur première page de magazine. Nous avions pris la décision de permettre des photos des bébés alors qu'ils étaient naissants. Nous avions discuté de philosophie avant leur naissance... que ferons-nous avec ça, « *voulez-vous que vo-*

tre vie personnelle soit exposée au grand public ? Voulez-vous que l'on publie les photos de vos enfants ? Votre famille ? Vos maisons, etc. ? ». Nous étions tous d'accord que la famille n'a pas fait le choix d'avoir une vie publique et que celle-ci devrait être protégée. Comprenez- moi bien, on n'en fait pas une maladie, mais on ne s'en servira pas pour nos fins personnelles non plus. Exceptionnellement, nous avons permis une séance de photo avec les enfants pour le magazine *7 jours* du 8 juin 2002. Les enfants étaient naissants et par le fait même, difficiles à reconnaître, et les fans avaient bien le droit de partager ce moment de bonheur avec nous. On pouvait y retrouver plusieurs pages de photos des enfants avec José et Mario, deux fiers papas !

1ère page du magazine 7 jours / 8 juin 2002 (vol. 13 #32)

La base du succès de Grandes Gueules

MARIO TESSIER et JOSÉ GAUDET, ont tissé des liens si forts qu'un pacte semble les unir: quand l'un d'eux franchit une étape importante dans sa vie, l'autre lui emboîte le pas.

ve, José est devenu père d

LES: nouveaux papas

«JE L'APPELLE LE LAPIN ENERGIZER»

La petite Jade, née le 22 mars dernier, comble son papa de bonheur. Selon les dires de l'humoriste des Grandes Gueules MARIO TESSIER, au simple contact de sa fille, il devient une meilleure personne.

MARIO, OÙ EN EST JADE DANS SES PROGRÈS?
Elle dit «papa» et «attend». Ma blonde, Dominique, prétend que c'est dû au fait qu'elle lui dit souvent: «Attends, ça ne sera pas long, papa va arriver...» (rires) Elle est très éveillée. Elle est forte, s'agrippe à tout et bouge énormément. Je l'appelle le lapin Energizer. Elle a deux dents en bas, et celles du haut sont en train de percer; alors, évidemment, par les temps qui courent, elle a de petites sautes d'humeur... Malgré tout, elle fait de beaux sourires et elle est maintenant consciente de son charme. C'est incroyable, la joie que ça peut apporter! La plus belle chose qui soit arrivée dans ma vie, c'est ma fille.

Ma blonde est vraiment bonne. J'ai beaucoup appris en la regardant. Elle est à la maison et s'occupe de notre fille, et ça, je l'apprécie énormément.

«C'est une belle poupoune», nous a dit fièrement Mario Tessier.

valle entre la naissance de José. Décidément!

La petite histoire des Grandes Gueules à la radio

Photo : Archives personnelles

Photo : Archives personnelles

Photo : Archives personnelles

Photo : Archives personnelles

Photo : Archives personnelles

La base du succès de Grandes Gueules

La **petite histoire** des **Grandes Gueules**ᴹᶜ à la **radio**

Photo : Archives personnelles

La radio – Les beaux moments

1 000 000 d'auditeurs !

Pour moi, un des plus beaux moments de la carrière des Grandes Gueules demeure l'atteinte du million d'auditeurs à la radio. Je suis un gars de radio, j'aime la radio, avec ce résultat, le nom des Grandes Gueules est passé à l'histoire, personne n'a jamais atteint le cap du million d'auditeurs avant eux. Je crois que la remise du trophée honorifique (le Micro platine) est un honneur bien mérité. À part eux, je ne crois pas qu'il y ait beaucoup de gens qui ont mis les efforts et le travail nécessaires afin d'atteindre ce résultat, non pas par paresse, mais plutôt parce que la radio est un des médias les plus ingrats qui soit. Les gens reconnaissent votre voix, mais ne savent pas de quoi vous avez l'air, vous parlez tout seul, dans votre studio qui la plupart du temps est minuscule. La plupart des gens qui réussissent à la radio, la quittent pour la télévision. Pourtant, aucun média ne peut être plus près du monde, la radio nous suit partout, à toute heure... j'aime la radio !

Les Rock Machine

Tranquillement assis à mon bureau, j'écoute l'émission de radio comme j'en ai l'habitude, c'est à ce moment que j'entends que Mario est en face d'un *bunker** des Rock Machine avec son micro et sonne à la porte ! « *Il va me rendre fou celui-là !* » Par défi, je crois, il avait décidé d'aller tester ses gags chez les Rock Machine... « *Eille le cave, tu sais pas, avec tout ce qui est rapporté dans les journaux, que ces gars-là n'entendent pas à rire ?* » Je dois avouer que je ne me sentais pas très gros dans mes culottes en l'écoutant, mais je crois que, dans le fond, il était pas mal plus petit que moi dans les siennes !

La conférence de presse

Le 6 décembre 1995, Patrick Roy, le gardien de but des Canadiens de Montréal est échangé à l'Avalanche du Colorado après avoir défié l'entraîneur Mario Tremblay. Il y a donc une conférence de presse orchestrée par M. Roy afin de commenter les événements comme il se doit. C'est toute une histoire, beaucoup de médias

sont présents de partout à travers le monde. Un des commentateurs accrédités a posé quelques questions plutôt bizarres, ses
commentaires ont été diffusés en direct comme ceux des autres
commentateurs. Il a toutefois été mis à la porte avant la fin de la
conférence de presse. Vous savez de qui je parle ?

Ron Strudel !

En effet, Mario avait réussi à se faire accréditer comme commen-
tateur en passant par la salle des nouvelles de CKMF.

Il a du culot celui-là, il s'est fait foutre dehors par les agents de
sécurité… quel beau moment de radio !

Le 5ᵉ anniversaire

Une grande fête fut organisée au Medley à Montréal pour célébrer
le 5ᵉ anniversaire à la radio.

En vedette : Stéphane Rousseau, Réal Béland, Les Colocs, Éric
Lapointe. Le Medley était plein à craquer, plusieurs auditeurs n'ont
pu obtenir de place d'ailleurs, c'est dommage, mais on n'a pas
les moyens de louer le Centre Bell…

Ce fut une très belle soirée, un grand *party* de famille avec les
auditeurs. Les gars étaient descendus du plafond (attaché
par des harnais évidemment) afin de faire leur entrée… c'était
impressionnant.

*Anecdote : je me souviens bien d'une discussion « existentielle » que
j'ai eue avec Dédé Fortin des Colocs alors que nous étions à la toilette
(pissoires en bon français). Nous avions fait le tour du sujet concernant
les textes de gags versus les textes de chansons. Je lui disais que les chanteurs étaient chanceux de pouvoir chanter ce qu'ils voulaient et ne pas
se faire démolir par la critique ou le public. C'est vrai, il chantait : « Y
avait d'la coke dans les yeux, Y avait d'l'héro dans l'sang » et les jeunes
chantaient avec eux sans que personne s'en plaigne ! Les gars font un
gag un peu osé et on reçoit des tonnes de courriels pour nous rappeler
qu'il y a parfois des enfants à l'écoute en voiture…*

Je garde un très bon souvenir de cette rencontre, Dédé était un gars intelligent, qui avait des opinions, et qui voulait, je crois, changer le monde à sa manière… il a quand même eu le temps de marquer la musique au Québec, ce n'est pas rien. Nous, sur une note plus corporative, on a eu la chance qu'il vienne chanter pour nous afin de célébrer les 5 ans de radio.

Le 10e anniversaire

Afin de célébrer le 10e des Grandes Gueules à la radio, nous avons organisé une tournée (radio en direct, spectacle…). Nous avons donc visité Montréal, Québec et Gatineau.

Il s'agissait d'un gros spectacle mettant en vedette, Martin Deschamps, les Respectables, Éric Lapointe, Peter McLeod, Lulu Hughes, Martin Petit, même la gang complète de Star Académie est venue offrir une performance (au spectacle de Montréal).

À cette occasion, François Pérusse leur avait fait l'honneur de faire une de ses capsules en hommage. C'était tout un acte de générosité de la part de François, les gars l'ont d'ailleurs apprécié à sa juste valeur.

Ce fut tout un événement, mais c'est à Québec, après le show qu'il s'est passé quelque chose qui nous a, les gars et moi, marqués à jamais…

Le spectacle étant terminé, les gars étaient restés un peu pour voir les spectateurs et signer des autographes comme c'est leur habitude. Nous revenions donc à l'hôtel avec le sentiment du devoir accompli.

Le gérant de l'hôtel avait mis le bar à notre disposition pour un *party* privé. Plusieurs artistes étaient présents, on prenait un verre et discutait. Il y avait un piano à queue dans le bar. Je m'y suis assis et j'ai commencé à jouer la pièce du groupe STYX, « *Come sail away* ». Martin Deschamps, qui était assis tout près, se mit à chanter. Le *party* a *pogné* comme on dit et tout le monde s'est mis à *jammer** jusqu'à 6 h du matin !

La radio – Les beaux moments

Ce genre d'événement arrive probablement assez fréquemment dans le monde des musiciens, mais pas dans celui des humoristes ! On a eu l'impression de vraiment entrer dans leur monde, comme des voyeurs… mais le plus beau, c'est que l'on était aussi des participants. Imaginez un *party* privé avec Lapointe, les Respectables, Martin Deschamps… Le genre de *party* que l'on ne peut s'offrir à moins d'être la Société Saint-Jean-Baptiste !

C'est vraiment un des plus beaux souvenirs que j'ai et que José et Mario ont aussi, et ce, parmi tous nos souvenirs confondus.

Tom Jones en direct

Ce n'est plus un secret pour les auditeurs, José et Mario aiment la musique de style *crooners*. Ils chantaient donc très souvent, en ondes comme en spectacle, une pièce de Tom Jones : *It's not unusual.*

Je ne me souviens pas exactement du moment où c'est arrivé ni le pourquoi, mais nous avions réussi à orchestrer un appel téléphonique en ondes à la radio de Tom Jones lui-même. Nous voulions surprendre les gars et leur faire une petite surprise. Ils ont vraiment été surpris quand Tom Jones leur a aussi chanté un extrait de sa chanson a cappella en ondes par le biais du téléphone !

Le père de Martin Deschamps

Un autre beau moment de radio fut la fois où les Grandes Gueules firent la rencontre du père de Martin Deschamps. José et Mario aiment bien Martin, et moi aussi. Il est drôle, un des très bons vivants dont j'ai eu la chance de rencontrer et surtout, il est bien dans sa peau. Pour les gens dits « nés normaux » selon les règles de notre société (je ne lancerai pas de débats sur ce sujet-là, ce petit livre prendrait l'ampleur d'une encyclopédie en 10 volumes !), de toute façon, pour les gens dits « normaux » donc, il est difficile de concevoir qu'une personne handicapée à ce point puisse avoir une joie de vivre et le courage d'aller au bout de ses rêves. Dans le cas de Martin, c'est beaucoup plus que cela, je pense qu'il n'a pas de limite, il peut vraiment faire tout ce qu'il veut et il le fait bien.

Ce que les gens ne savent peut-être pas c'est que Martin est issu d'une famille de farceurs... il fait des farces tout le temps, y compris sur sa condition, sans retenue... il est drôle en maudit.

Les Grandes Gueules ont souvent fait des farces sur Martin et sa condition, un des gags les plus marquants disait : « *Il ressemble à un M. Patate dont on aurait égaré quelques morceaux...* » Martin l'avait bien ri d'ailleurs, mais pas son père ! Il faut être conscient que c'est le rôle d'un père de protéger son fils. Ce gag avait, selon les dires de Martin même, fait beaucoup de vagues auprès des auditeurs ainsi que dans sa famille.

Quelques semaines plus tard, Martin, qui est invité dans l'émission de radio, propose aux gars d'appeler son père afin qu'ils s'excusent parce que celui-ci avait une crotte sur le cœur. Ce que José et Mario ont fait en ondes ! En bon farceur qu'il est, M. Deschamps leur dit finalement : « *Bon OK, maintenant que vous vous êtes excusés, je vais cesser de vous chercher sur les coins de rues de Montréal afin de vous passer sur le corps avec mon truck !* »

Environ deux semaines plus tard, notre Ricky Éklésias parle de Martin et dit quelque chose du genre : « *Mais qu'est-ce qu'il lui est arrivé à ce pauvre Martin, un accident ?* »

Selon les dires de Martin : « *Mon père n'a pas fait de cas de ce gag, probablement par ce qu'il est trop occupé à veiller sur sa petite fille Lou, mais les gars n'ont qu'à bien se tenir de passer des commentaires sur celle-ci sinon, il repartira à la chasse aux Grandes Gueules avec son camion, mais pour vrai cette fois-ci !* »

Drôles que je vous dis ces Deschamps-là, quels gens extraordinaires !

José accouche en ondes

Comment passer à côté du moment le plus intense qu'il y a eu en quinze ans de radio... José a appelé durant l'émission directement de l'hôpital afin d'annoncer la nouvelle de l'arrivée de son fils aux auditeurs. Je ne me souviens pas qu'il y ait eu autant d'émotion dans un moment de radio. Il pleurait, nous a tous fait pleurer aussi…

Bienvenue Isaac / 12 février 2002

José et sa conjointe, Ève, ont depuis eu un autre enfant, ils ont maintenant le couple, comme on dit, Satine est venue au monde le 3 mai 2004 !

Mario accouche en ondes

Si c'est bon pour l'un, c'est bon pour l'autre, tout aussi touchant et émouvant… un autre moment d'intensité incroyable quand Mario a appelé en ondes de l'hôpital à son tour !

Bienvenue Jade / 22 mars 2002

Mario est aussi le père d'une autre petite fille, Naomi, 14 ans. Elle est la fille de Dominique, sa conjointe. Mario l'a officiellement adoptée quelques années après le décès de son père biologique.

À l'écriture de ce livre, Dominique est enceinte, l'accouchement est prévu pour le mois de avril 2007, l'échographie leur a annoncé la venue d'une autre fille, son nom n'est pas encore choisi !

250 000 $ pour une bonne cause

Mille fois on a dit que vous étiez le meilleur public du monde, et j'ai une confidence à faire : nous le croyons sincèrement.

Touchées par l'appel au secours d'un père qui voulait sauver la vie de son fils malade, les Grandes Gueules ont fait appel aux auditeurs afin de cueillir des dons qui permettraient à l'enfant de se faire soigner aux États-Unis, seul endroit où le traitement nécessaire était disponible à ce moment-là.

Les auditeurs ont répondu et, avec une solidarité collective hors du commun, ils ont déboursé 250 000 $ en quelques jours à peine. Il est évident que l'histoire était touchante, les gars en parlaient avec une émotion palpable, ils ne pouvaient faire autrement que de s'imaginer ce que les parents du petit Antony pouvaient vivre ayant eux-mêmes de jeunes enfants.

On sait maintenant que le petit est décédé et que l'histoire a mal tournée, mais les Grandes Gueules, ainsi que leurs fidèles auditeurs, n'ont rien à se reprocher. Ils ont agi avec leur cœur et se sont mobilisés afin de faire une bonne action ne pouvant prévoir le déroulement de cette triste histoire.

Depuis, les Grandes Gueules ont décidé d'adopter une bonne cause, ils sont porte-parole et présidents d'honneur pour le regroupement des magasins Partage. Cet organisme à but non lucratif vient en aide aux familles défavorisées de Montréal. Cette participation nous a permis de rencontrer une multitude de gens intéressants, dont Mme Sylvie Rochette qui chapeaute la gestion organisationnelle. Il est très stimulant de rencontrer des gens qui s'engagent et croient autant à une cause humanitaire !

Il est aussi particulier de constater que leur objectif est de mettre fin à l'organisme qu'ils chérissent tant…En effet, ils travaillent avec acharnement dans le but avoué d'enrayer la pauvreté. S'ils atteignent leur but, leur cause n'aura plus raison d'exister… C'est particulier non ?

Je remercie, en mon nom personnel ainsi qu'en celui des Grandes Gueules, la confiance que toutes les personnes se dévouant à cette cause nous accordent.

Et, en passant, si la générosité vous envahit et que le désir de faire du bien vous attaque, n'hésitez pas à faire un don au :

Regroupement des magasins Partage

3000, rue Beaubien Est
Local 207
Montréal (Québec) H1Y 1H2

www.rmpim.org
Tél. : 514-383-2460

Les parodies

Au cours des années, il y a eu des tonnes de parodies. Souvent, celles-ci étaient enregistrées par les artistes mêmes qui avaient popularisé la musique. Ainsi, l'artiste chantait les niaiseries écrites par les Grandes Gueules sur son œuvre musicale. Il y a eu plusieurs artistes qui nous ont fait cet honneur au fil des ans, force est-il de croire que tout le monde n'a pas la même opinion que René Angélil sur le sujet !

Voici une liste de quelques-uns d'entre eux :

Garou, Ginette Reno, Ben Lee, Gilles Girard (les Classels), Jonathan Painchaud, Dany Bédard, Hugo Lapointe, Jean-Francois Brau, Marie Mai, France D'Amour, Marie-Chantal Toupin, Dan Bigras, Éric Lapointe, Yannick, Martin Deschamps, Gabrielle DesTroisMaisons, Martin Stevens, Lulu Hugues, Mélanie Renaud, Mario Pelchat.

Il y a aussi eu des parodies, chantées par les Grandes Gueules ou leurs personnages. Il faut mentionner que ceux-ci ont eu l'aide de choristes bien sûr… En voici quelques exemples :

LES BÂTONNETS, parodie portant sur l'affaire Angélil et enregistrée sur l'air de *Hold me tight* (Baronets, Beatles) ;

BE WITH YOU, chanté par notre Enrique ;

C'EST ÇA MONTRÉAL, sur la musique d'Ariane Moffat / *Je reviens à Montréal* ;

DANS TES YEUX, sur la musique de Martin Rouette de Star Académie, chanté par notre Enrique ;

LA COULEUR, sur la musique de *Philosonique* ;

ORDINARY, sur la musique de *Train* ;

RETARDED, sur la musique des *Black Eyed Peas* ;

TANT QU'IL Y AURA DE LA DROGUE, sur la musique de Jean Leloup, *Ballade à Toronto* ;

FOU DE MOI d'Enrique, sur la musique de *Quand je vois tes yeux* de Dany Brian qui a été reprise par Martin Rouette de Star Académie ;

PLAYOFF, hommage pour les séries des Canadiens de Montréal, sur la musique de *Outkast* « *Hey Ya* » avec Richard Petit ;

LES GRANDES GUEULES, la liste des villes de diffusion sur la musique de *It's My life* de Bon Jovi.

À presque toutes les années, un artiste nous faisait aussi le plaisir d'enregistrer une chanson de Noël, entre autres :

Ginette Reno / Au bureau

Dan Bigras (*Noël rock*)

Boum Desjardins

Plusieurs musiques originales furent aussi composées pour que les Grandes Gueules puissent immortaliser leurs niaiseries, dont entre autres :

Noël dans les pays chauds

Les Ricky Éklésias

Y'en a pas d'job

Les invités

Au fil des ans, les Grandes Gueules ont reçu des centaines d'invités. L'émission était en effet une tribune extraordinaire pour faire de la promotion. Qu'ils proviennent du monde artistique, politique ou autre, les invités furent toujours traités avec respect et taquinés évidemment. Une des forces des Grandes Gueules est de bien faire paraître leurs invités. À ma souvenance, l'émission des Grandes Gueules a été la première sortie publique dans un média de Jean Charest en tant que Premier ministre du Québec, il doit y avoir une raison quelque part…

Je ne vous ferai pas la liste exhaustive des personnalités qui sont passées à l'émission à cette étape-ci, vous pourrez la retrouver dans mes remerciements à la fin du présent ouvrage.

Lorsque les personnalités participaient à l'émission, les personnages des Grandes Gueules conversaient avec eux dans leurs sketches, ce qui détendait l'atmosphère et permettait aux invités d'être mis en valeur. L'invité qui est venu le plus souvent est sans contredit Éric Lapointe, ces apparitions ont donné naissance à plusieurs moments extraordinaires, il faut dire que la vie de notre ami Éric est parsemée d'expériences inspirantes pour des humoristes.

www.grandesgueules.com

Au mois de décembre 2005, après plusieurs mois de travail, nous avons finalement mis le site *www.grandesgueules.com* en ligne. Encore une fois, c'est à une petite équipe que j'ai laissé le soin de le construire, à l'aide des idées de José, Mario et moi-même.

À ce jour, plus de 23 000 membres se sont inscrits et profitent de téléchargements et informations sur les Grandes Gueules. Depuis cette date, tous les sketches qui ont été diffusés à la radio sont téléchargeables. Il arrive parfois que nous devions les éditer un peu pour des raisons de droit d'auteur. Comme je l'ai déjà écrit, les réglementations ne sont pas les mêmes pour la radio, le spectacle, le disque et évidemment, les sites Internet. Parfois, certains sketches sont parsemés de musique, ce qui fait en sorte que nous ne pouvons les rendre disponibles sur le site, mais cela ne se produit qu'en cas d'exception.

Lorsque les gars auront terminé leur contrat radio, ils auront plus de temps et pourront, je l'espère, s'impliquer un peu plus dans le site. Et ainsi offrir aux internautes d'autres produits qui sauront nourrir leurs besoins et leurs demandes.

Entre-temps, vous pouvez toujours le visiter à l'adresse suivante : **www.grandesgueules.com**

Une journée typique

Afin que vous puissiez bien comprendre l'ampleur du travail que nécessite « l'accouchement » d'une émission de radio quotidienne telle que celle des Grandes Gueules, je vous décris la journée type de José et Mario :

06 h 30

Mario se lève ramasse les journaux du matin et il commence à travailler tout en déjeunant. La première étape de sa journée de travail est la « première lecture » et consiste à lire le texte des deux sketches qu'il fera en ondes le soir même. À cette étape, chacun des sketches a une longueur de 12 à 15 pages. Ils comportent des idées et des gags provenant de chacun des scripteurs, son travail consiste à couper ce qu'il n'aime pas et ajouter les idées que cette lecture fait germer en lui.

C'est la portion solitaire du travail, chacun travaillant de son côté à la maison. Les scripteurs demeurant disponibles et seront rejoints par téléphone ou en ligne (par Internet) au besoin afin de retravailler les idées qui naîtront pendant cette période. À la fin de cette période, les textes auront environ 5 pages.

Mario est un lève-tôt. À cette heure, il a l'habitude de travailler tout en écoutant la radio et il lui arrive fréquemment d'ailleurs de téléphoner à la station et émettre des commentaires sur l'actualité à Pierre Pagé, qui lui, anime l'émission du matin à Énergie à cette heure.

José étant de nature couche-tard se lèvera plutôt vers 8 h afin d'effectuer ce même travail.

C'est durant cette période de la matinée que l'on aura aussi notre premier contact téléphonique. J'appellerai José et Mario séparément ou en conférence téléphonique afin de faire le suivi sur les différents dossiers en cours, peaufiner les horaires et voir si tout roule comme il se doit. Ces appels dureront en moyenne une quinzaine de minutes.

10 h 30

C'est l'heure de l'entraînement physique de Mario, il possède son propre gym et passera la prochaine demi-heure à courir sur un tapis roulant, faire quelques poids et altères et un peu de boxe.

11 h 00

Douche et soins corporels

11 h 20

Ramassage des papiers et ordinateur portatif, leur bureau étant mobiles ils doivent s'assurer de ne rien oublier.

11 h 30

José et Mario partent chacun respectivement de la maison. Ils auront un trajet d'environ 20 minutes et se serviront de ce temps pour effectuer les retours d'appels et entrevues téléphoniques.

11 h 50

Arrivée au stationnement à Énergie, ils feront un arrêt au dépanneur (chez Mme Wong) afin de ramasser un sandwich et une soupe pour dîner.

12 h 00

Arrivée au local de travail des Grandes Gueules à Énergie.

12 h 00 – 15 h 00

C'est le moment critique de la journée pour ce qui a trait à la préparation de l'émission de radio de la journée. José, Mario et leurs scripteurs sont littéralement enfermés dans un local de 16 mètres carrés et doivent « accoucher » des textes finaux qui seront livrés en ondes le soir même.

À tour de rôle, les textes de chacun de leurs personnages respectifs seront lus à voix haute par José et Mario et tous les gags seront remis en question. Il est nécessaire de s'assurer que chacun de ceux-ci soit à la hauteur et qu'ils rencontrent les normes de diffusion. En d'autres mots, ils doivent être drôles, mais aussi censurés afin d'éviter les risques de poursuites ou réprimandes de la part du CRTC (Conseil de la Radiodiffusion et des Télécommunications canadienne).

Dans certains cas, il arrive parfois que José et Mario doivent préenregistrer certains sketches parce qu'ils ont besoin de montages ou effets spéciaux. Ils devront alors le faire entre la lecture de leurs sketches respectifs, C'est le cas entre autres des coups de téléphone de Ti-Rouge et des capsules de Jack Bauer.

C'est lors de cette étape que l'on constate l'efficacité de l'équipe d'écriture. Chacun doit mettre de côté ses goûts personnels le résultat étant le seul objectif important. Il faut avoir eu le privilège d'assister à une de ces rencontres afin de bien comprendre à quel point, il n'y a pas de place ni temps pour l'individualisme. Que ce soit pour José, Mario ou chacun des scripteurs, c'est la même chose, le fruit de leur travail pourra être jeté à la poubelle en l'espace d'une minute.

Il faut comprendre qu'un scripteur a travaillé environ huit heures afin de jeter ses idées et gags sur papier. Parfois, un seul de ses gags sera retenu et tout le reste sera mis à la poubelle, sans fla-fla, sans discussion ni argumentation. Cette opération se voit très ingrate, mais nécessaire dû au manque de temps. Les sketches devront être prêts et livrés en ondes à compter de 15 h 30, on ne peut être en retard à ce rendez-vous.

Avec le temps, tous et chacun se sont habitués à cette réalité. Chacun a dû apprendre à mettre son orgueil de côté et rentrer dans le moule, il a dû comprendre qu'aucune action ne lui est destinée, il n'y a rien de personnel, c'est la seule méthodologie de travail possible afin d'atteindre le résultat visé : que l'émission soit et demeure numéro 1.

Avec les années, plusieurs scripteurs sont passés dans l'équipe. La commande est grande et exigeante, le travail ingrat, mais tout aussi stimulant. L'émission de radio des Grandes Gueules demeure une des meilleures écoles pour former un scripteur.

Les scripteurs qui ont fait partie de l'équipe et qui ont quitté ont par la suite eu à vivre l'une ou l'autre des deux réalités suivantes :

Ils ont dû « abandonner le combat » et se recycler parce qu'ils ont réalisé qu'ils n'avaient pas le tempérament ou talent nécessaire afin de gagner leur vie à effectuer ce travail ou bien, ils sont maintenant parmi les meilleurs à gagner leur vie à l'écriture d'émissions de télévision ou spectacles d'humour.

Une chose est certaine, quoique ce passage ait été exigeant et parfois difficile pour l'ego, ils ont vécu une expérience hors du commun et ont contribué à la réussite d'un des plus grands succès à ce jour dans l'histoire de la radio québécoise.

À l'écriture de ces lignes, l'équipe de scripteurs est formée de quatre personnes : Danis Durocher (scripteur en chef), Stéphane Gouin, Janel Leclerc et Sylvain Rouillé. La synergie de l'équipe est extraordinaire, chacun usant de ses forces afin d'apporter le meilleur de lui-même. Je ne sais pas encore quels seront les projets futurs des Grandes Gueules après la radio, mais une chose est certaine, José, Mario et moi-même ferons ce qui est en notre pouvoir pour garder ce dream *team** d'écriture dans notre équipe.

15 h 00 – 15 h 30

Les textes étant presque prêts, José et Mario iront, à tour de rôle, enregistrer les *quickys** puisque ceux-ci ne sont pas livrés en direct. Parallèlement, ils feront aussi une séance d'idéation avec les scripteurs afin de trouver les sujets des sketches du lendemain. Les scripteurs auront à livrer leurs idées, textes et gags pour que José et Mario puissent les lires en soirée.

15 h 25

Arrivés des gars en studio, ils remettront une copie des textes à Richard Turcotte, à cette étape les sketches ont trois pages, fait à noter, Richard n'a aucune idée de ce qui se passera dans les sketches, seulement une ou deux des répliques qu'il aura à effectuer sont inscrites (au marqueur jaune) afin de s'assurer de la bonne livraison des gags. Ceci permet à Richard de maintenir sa spontanéité et à José et Mario de le surprendre. Il ne faut pas oublier que l'animateur est le premier public des gars, s'il rit, c'est bon signe, si un gag tombe à plat, ils devront improviser afin de rattraper le *momentum** du sketch. C'est l'efficacité de cette technique qui fait en sorte que le résultat est là et que les auditeurs y trouvent leur compte !

Une copie des sketches a aussi été remise à Alain Bourque, Alain étant producteur de l'émission et responsable de sa mise en ondes et il devra s'assurer que tous les éléments audio nécessaires soient prêts au moment voulu, comme le bruit d'une porte qui ouvre, sonnerie de téléphone, etc. En passant, je veux profiter de l'occasion pour remercier Richard Marquis et Dany Moreau qui ont effectués ce même travail pendant plusieurs années avant Alain. Plusieurs autres producteurs nous ont aussi donné un bon coup de main sans toutefois produire l'émission, entre autres : André Furlat, Richard Fortin, Jean-François Fillion, Sylvain Renzo et Robert Collin. C'est ce dernier d'ailleurs qui a fait le premier pilote des Grandes Gueules à leur arrivée à la radio.

À cette équipe de mise en ondes, s'ajoute aussi une recherchiste (Pascale Dutton). Elle est responsable de rejoindre les personnes qui seront appelées à participer en ondes durant l'émission, que ce soit des auditeurs ou artistes invités. Elle aura aussi à gérer toutes demandes urgentes de la part de José, Mario, Richard Turcotte ou Alain Bourque. C'est elle qui effectuera les déplacements physiques nécessaires puisque les autres éléments humains de l'émission ne peuvent se déplacer étant en ondes en direct.

Je m'en voudrais de ne pas mentionner deux autres éléments humains importants dans la recette : Geneviève Moreau et François Toupin. Geneviève est directrice musicale, c'est une des personnes qui décide de la musique qui sera mise en ondes dans l'émission, mais c'est aussi elle qui prête sa voix à tous les sketches qui nécessitent une voix féminine. François quant à lui fait office de « grosse voix » d'annonceur masculin dans tous les sketches qui en auront besoin.

15 h 30 – 18 h 00

L'émission de radio Les Grandes Gueules en direct sur tout le réseau Énergie. Tout au long de l'émission, José et Mario mettront la touche finale à leurs textes tout en improvisant en ondes, répondant aux téléphones, télécopies et messages texte des auditeurs, et ce, en s'assurant de maintenir l'ambiance nécessaire au bon fonctionnement de l'émission tant en ondes qu'en studio.

Anecdote : José et Mario feront tout ce qui est en leur pouvoir afin de détendre l'atmosphère en studio. Il arrive souvent de les voir baisser leurs culottes, se mettre une carotte dans l'oreille, danser sur la table, laisser dépasser du papier de toilette de leurs pantalons ou n'importe quelle autre idée folle qui puisse leur passer par la tête.

18 h 00 – 18 h 30

Après l'émission, ils effectueront une récapitulation afin de savoir ce qui a bien et moins bien fonctionné tout en ramassant leurs effets personnels.

18 h 30 – 19 h 00

C'est le retour à la maison, encore une fois, la quiétude de la voiture leur permettra d'effectuer les retours d'appels de la journée. Habituellement, je ferai partie des nombreux appels qu'ils feront, ainsi, on fera une mise à jour de ce qu'il s'est passé dans notre journée respective.

19 h 00 - 22 h 00

À leur arrivée à la maison, ils prendront le temps de souper, la plupart du temps, seul à table, les enfants ayant déjà mangé vu l'heure tardive à laquelle ils arrivent. Cette période est le seul vrai moment quotidien en famille, du lundi au vendredi. Ils le consacreront le plus possible à leurs conjointes et leurs enfants respectifs. Ainsi, ils rempliront « leur devoir de père » comme il se devra : aide aux devoirs, jeux avec les enfants, attention et affection !

22 h 00

José s'étant levé plus tard, il reprendra le temps perdu et travaillera ses textes du lendemain jusqu'à minuit environ. Mario lui ira se coucher puisqu'il se lève de bonne heure demain.

Les extras

À ce que je viens de vous décrire comme horaire quotidien s'ajoute beaucoup de travail supplémentaire. Nous devons donc ajuster l'horaire au besoin tout en nous assurant de livrer l'émission de radio. Les apparitions à la télévision, les entrevues pour les journaux et magazines, les séances d'essayage de vêtements, font aussi partie des tâches à accomplir pour José et Mario. Vous comprendrez, qu'avec l'horaire imposé par la radio, à chaque fois que l'une de ces tâches s'ajoute, et cela se produit à chaque semaine, ils doivent couper du temps consacré à leur famille ou du temps consacré à leur sommeil.

Depuis que nous avons cessé de faire le spectacle, les fans ne cessent de nous demander quand le prochain spectacle prendra l'affiche… j'espère que ces quelques lignes expliquant leur horaire vous permettront de comprendre pourquoi José et Mario n'arrivent pas à écrire un autre spectacle en même temps qu'ils font de la radio.

Le premier spectacle a été écrit alors qu'ils n'avaient pas encore d'enfants, cette donnée faisant toute la différence du monde. Ce serait aujourd'hui impossible de répéter l'expérience sans négliger leur famille. Leurs conjointes et leurs enfants font déjà beaucoup de sacrifices à cause du choix de carrière de José et Mario, leur en demander plus ne serait pas sain, puisque les enfants auraient un père absent.

Il est évident aujourd'hui que leur situation financière est intéressante et permet, entre autres, à leurs conjointes de rester à la maison. Pour plusieurs cet élément constitue un avantage certain, puisque la plupart n'ont pas cette opportunité, ils ne sont donc pas à plaindre, mais je crois que c'est au profit de nombreux sacrifices, l'argent ce n'est pas tout dans la vie. José et Mario font tout ce qui est en leur pouvoir afin de respecter, le plus possible, l'équilibre entre leurs vies publiques et leurs vies personnelles et, je crois que c'est tout en leur honneur et qu'ils ont raison de le faire.

Photos : Michel Gagné / Richar Pichet

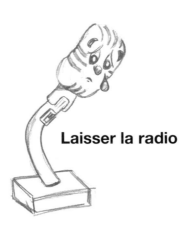

Laisser la radio

Plusieurs fois les Grandes Gueules ont pensé laisser la radio. Non pas parce qu'ils n'aiment pas la radio, mais bien parce que le format de l'émission qu'ils se sont imposé avec les années est trop lourd pour leur permettre de faire autre chose en même temps. Cette éventualité était évaluée à chaque fois que je renégociais leur contrat avec la station.

Une première fois

Je me souviens d'une première fois où la décision de laisser la radio était plus sérieuse et a presque eu lieu. La décision était prise, ils devaient partir s'ils voulaient avoir le temps d'écrire un autre spectacle, battre le fer pendant qu'il était chaud. Tout est question de *timing** dans la vie, et le *timing* était bon.

L'émission avait atteint le million d'auditeurs, les gars commençaient à être reconnu par les différents intervenants de l'industrie, les clients demandaient un autre spectacle à grands coups de téléphone, de courriels ainsi qu'en personne. À toutes les fois que José et Mario faisaient une sortie publique, ils se faisaient accoster et se faisaient demander : « *C'est quand votre prochain show ?* »

Cette pression devenait insupportable.

Même si on avait de sérieuses discussions sur le sujet, je négociais tout de même avec les dirigeants de la station pour un renouvellement de contrat... au cas où ! Je vous résume les événements.

Nous avions pris la décision de partir, évidemment, nous n'étions pas certains de notre choix, c'est toujours insécurisant de quitter un emploi stable, en autant qu'il puisse l'être dans ce domaine, et de partir vers l'inconnu. De plus, les gars avaient maintenant une famille, des responsabilités financières... c'était une décision difficile.

Parallèlement à nos discussions sur le sujet, je venais terminer la négociation de renouvellement de contrat. J'entreprends donc de déposer les termes de celle-ci aux gars afin de m'assurer que leur décision était bien solide.

* Voir le lexique

Laisser la radio

Le problème, ou l'avantage, c'est selon, c'est que l'offre en question était suffisamment élevée pour que je leur demande d'y réfléchir comme il le faut. Nous prenons donc la décision de dormir dessus, comme c'est souvent arrivé au cours des dernières années.

Le lendemain matin, je fais une tournée téléphonique et prends les commentaires de José et Mario. Mario m'avait répondu quelque chose du style : « *Ben là, on n'a pas ben ben le choix...* » La mémoire que j'ai des commentaires de José explique, plus clairement, ce qui se passait réellement.

Il me dit : « *Hier soir, quand toute la famille était couchée, je prenais un verre de vin tranquille dans le salon, et je pensais à tout ça pis je me suis mis à rire tout seul... j'peux pas croire que ces osties-là ont encore trouvé une façon de nous gardé à la radio, à la paye qu'ils me donnent là, j'ai pas le choix, y faut que j'reste...* »

En effet, la paye commençait à peser lourd dans la décision. Nous avons donc décidé de prendre une chance que le timing pour faire autre chose soit encore bon plus tard et sommes restés à la radio. Je leur ai demandé qu'une chose : assurez-vous de rester numéro 1, pas question qu'on sorte de là quand les cotes d'écoute sont en pente descendante.

Pour vrai

C'est pendant l'été 2006 que nous avons pris la décision de vraiment quitter la radio. Cet été qui, pour une fois, devait nous offrir plusieurs semaines de vacances, fut finalement l'un des plus difficiles de ma carrière de gérant.

José, Mario et moi avons eu plusieurs rencontres afin de faire le tour de la question, mais ces rencontres ont finalement pris une forme tout autre que celle que j'avais prévue, celle d'une mise au point majeure. Que ce soit pour la radio ou pour les autres domaines régissant nos relations interpersonnelles, on a exploré tous les chemins possibles... Comment vous dire de façon propre... ça a brassé, c'était plutôt intense.

Nous avons remis en question toutes les facettes de notre *business*. Nous avons eu des discussions très sérieuses sur tous les aspects, allant même jusqu'à réévaluer la position de chacun quant à ses intentions réelles à continuer à travailler ensemble.

Au cours des dernières années, nous nous sommes éloignés les uns des autres. La vie a changé, principalement avec l'arrivée des enfants et avec la pression d'une carrière en pleine évolution, mais je crois que malgré toutes les occupations que cette nouvelle vie nous apporte, on aurait dû faire en sorte de ne pas négliger d'investir le temps nécessaire afin de maintenir une amitié solide. Nous nous parlons tous les jours, plusieurs fois par jour, mais depuis quelques années, c'est toujours pour le travail.

Je ne crois pas que ce soit une situation exceptionnelle, plusieurs amis vivent la même chose que nous, plusieurs couples et familles aussi.

Cette remise en question fut finalement une très bonne chose. Elle nous a permis de faire les mises au point nécessaires au bon fonctionnement du duo et aussi du « trio » pour les prochaines années. Nous avons réussi à mettre plusieurs choses au clair, nous nous sommes dit nos quatre vérités.

En conclusion, nous avons toujours les mêmes passions et encore des rêves communs. La différence majeure par rapport à la situation que nous vivions autrefois c'est que nous avons pris conscience de nos différences… ça doit être de la maturité !

Les Grandes Gueules demeureront un duo, je suis convaincu qu'ils sont inséparables, par contre, il est évident que les goûts et ambitions de chacun des individus feront en sorte que José et Mario feront aussi des choses, chacun de leur côté dans les prochaines années. De toute façon, les fans y trouveront leur avantage c'est certain.

J'ai donc rencontré Charles Benoît, maintenant Vice-président programmation chez Astral Media Radio, le 22 juin 2006 afin de lui faire part de notre décision. Je connais Charles depuis environ une quinzaine d'années. Il a commencé à travailler pour la station en même temps que les gars ont fait leur entrée.

Cette rencontre avait pour but de lui annoncer une fort mauvaise nouvelle, j'ai fait ce que je pouvais pour rendre le moment le plus agréable possible, je l'ai invité à passer l'après-midi sur mon bateau, le pire qu'il pourrait arriver c'est qu'il se sacre à l'eau ! Je lui ai donc annoncé la nouvelle en plein milieu du lac Saint-Louis, mais en eaux peu profondes...

Il a somme toute bien pris la nouvelle, il s'y attendait un peu, cela devait bien arriver un jour. Nous avons donc mis un plan en œuvre afin d'annoncer cette nouvelle aux employés d'Astral puis à la presse et aux auditeurs.

Il est évident qu'il est toujours plus intéressant d'annoncer une bonne nouvelle qu'une mauvaise, nous mettrons donc l'emphase sur les festivités entourant les célébrations du 15e anniversaire plutôt que sur la nouvelle du départ de la radio.

Le 16 octobre 2006, les Grandes Gueules annoncent donc leur départ de la radio. Ce départ se fera dans la semaine du 15 mai 2007, date à laquelle prend fin leur présent contrat avec Énergie. Voici le communiqué qui est envoyé à cet effet :

Au terme de 15 brillantes années de délires radiophoniques, l'émission Les Grandes Gueules tire sa révérence

Montréal, le jeudi 16 novembre 2006 — Au terme d'une 15e année à la barre de l'émission Les Grandes Gueules de la Radio Énergie, un retour à la maison qui aura joui d'un succès sans précédent dans l'histoire de la radio francophone canadienne — plus de 1 100 000 auditeurs quotidiennement —, le duo formé de Mario Tessier et José Gaudet tourne une page de son histoire. Allumées à l'idée d'explorer de nouvelles avenues et de relever de nouveaux défis, les Grandes Gueules ont fait le choix de ne pas réintégrer leurs postes d'animateurs à l'automne 2007.

Énergie et les Grandes Gueules ont vécu ensemble une expérience unique. Ce n'est donc pas sans émotion que les humoristes font part au public de leur décision qui, longuement réfléchie, ne s'est pas prise à la légère. Le duo tient toutefois à souligner qu'il demeure en très bon terme avec le radiodiffuseur et que ce départ des ondes ne met pas fin à toute collaboration entre Énergie et les Grandes Gueules.

Ce qui importe maintenant, c'est de terminer de façon grandiose leur 15e année de radio. On se réserve tout un *party* au printemps prochain et une méchante ambiance de fête, des surprises et des invités spéciaux jusqu'à leur départ à la fin mai 2007.

En mon nom personnel et en celui d'Astral Media Radio, je tiens à remercier les Grandes Gueules pour leurs 15 années de loyaux services, de folies et d'esprit d'équipe. Merci également à Christian Thétrault, Pierre Pagé et Richard Turcotte pour leur précieuse collaboration au succès de l'émission Les Grandes Gueules au cours des dernières années.

Nul besoin de vous dire que notre grande créativité et notre constant sens du renouvellement font en sorte que déjà, plusieurs idées et scénarios de relève sont évalués. Vous comprendrez qu'il est trop tôt, aujourd'hui, pour en dire davantage.

Veuillez vous joindre à moi pour féliciter José et Mario pour leurs 15 années de radio exceptionnelles ainsi que de leur souhaiter le plus grand succès dans leurs projets à venir. Et maintenant, que la fête commence !

Allumés par la présence d'un auditoire enthousiasmé, Mario Tessier et José Gaudet se sont élancés dans la peau de leurs personnages fétiches avec conviction. Ainsi, les détenteurs du CD/DVD Grande Gueules live 2 pourront profiter de performances hilarantes mettant notamment en scène Ti-Rouge, pour la première fois dans son habitat naturel, des petits nouveaux et surtout, une tonne d'imbécillités qui ne feront pas avancer l'humanité, mais qui, sans aucun doute, feront la joie des fans.

Et encore plus !

Non seulement les amateurs auront-ils droit à ces moments de pur délire signé Les Grandes Gueules, mais ils pourront également naviguer sur le DVD et y trouver de multiples surprises… bien cachées !

-30-

Source : Management Grandes Gueules
Renseignements : Sylvie Savard | Annexe Communications
514.844.8864 poste 201
ssavard@annexecommunications.com

17 octobre 2006 / Hommage – Christian Thétrault

Le lendemain matin, par le biais de sa chronique sportive quotidienne du matin, Christian Thétrault leur rend un hommage très touchant sur les ondes d'Énergie. Il répétera l'expérience en direct dans l'émission du retour à la maison, j'étais présent avec les gars en studio, nous avions tous la gorge serrée et l'émotion nous a fait verser une larme, comme si on prenait conscience que, cette fois-ci, c'était bel et bien vrai, les Grandes Gueules quittent la radio ! Voici le texte de ladite chronique :

« *Un des athlètes qui fait le plus jaser à New York cette année, est le demi-arrière des Giants de New York de la NFL, Tiki Barber. Barber se fait tantôt varloper dans les journaux, tantôt il se fait louanger et ça n'a rien à voir avec ses perfos sur le terrain. Ça plutôt avoir avec sa décision. Il a averti tout le monde : ses patrons, ses coéquipiers, le public et les journalistes : C'est sa dernière saison.*

Il y a des chanceux, comme Tiki Barber, qui sont complètement maîtres de leur destinée. Tiki Barber veut passer le reste de sa vie avec ses deux jambes, sa colonne, et l'usage de ses mains, ce qui est un luxe pour plusieurs joueurs de football. José Gaudet et Mario Tessier, aussi connus sous le nom des Grandes Gueules ne jouent pas au football, et il n'y a pas de danger ni pour leurs jambes ni pour leur colonne (à part quand ils font des jokes sur les Motards, les gangs de rues ou Enrique Iglesias)

Ils font de la radio. Ils ont 35 ans et ont décidé d'arrêter.

Ce n'est pas une décision facile. Rester serait beaucoup plus facile. Il suffit de regarder leur courbe de progression au cours des 15 dernières années pour se rendre compte qu'ils n'ont jamais reculé.

Les résultats d'écoute, leur popularité n'a jamais connu ne serait-ce qu'une saison, le moindre ralentissement. Ils se sont engagés pour VOTRE plaisir à se renouveler et à se remettre en question, à douter, à foncer, à se tromper, à corriger et à recommencer.

Il n'y a jamais eu de repos dans leur cas. Pour s'accomplir, certains humains doivent toujours être en bataille, et c'est d'autant plus vrai quand ton métier, ton mandat, ta vocation impliquent de la créativité et de l'invention. Pendant quinze ans, ils n'ont jamais arrêté d'inventer, d'innover, et quand tu innoves, il y a toujours un risque. Mario et José en sont rendus à un point où ils ont gagné le match d'avance.

Ça, c'est la rançon du travail, de l'acharnement, du talent, de la remise en question continuelle, c'est ça qui leur a fourni, au bout de toutes ces années, cette zone de confort. C'est cette zone de confort qu'ils ont décidé de laisser.

Une décision courageuse qui déstabilise leurs amis, leurs auditeurs et leurs patrons, qui les déstabilisent eux-mêmes, sûrement, mais qui s'inscrit dans leur caractère de battants. Et fiez-vous sur moi, personne, ni vous, ni nous, ni leurs patrons, ni eux-mêmes, ne seront déstabilisés longtemps. Eux continueront de gagner sur d'autres fronts. Ici, à Énergie, on continuera aussi de gagner, et vous, de l'autre côté des haut-parleurs, vous continuerez aussi à ramasser le fruit de nos victoires. Quand il y a un VRAI succès, une des conséquences de ce succès, c'est l'héritage. L'héritage des Grandes Gueules, c'est le risque, c'est l'art d'élargir la marge, c'est l'art de repenser, refaire, et d'ajuster la radio aux nouvelles réalités et aux nouvelles tendances. Énergie, et vous tous êtes, et resterez longtemps les bénéficiaires de l'héritage de deux géants de la radio, José Gaudet et Mario Tessier. »

Christian est un homme de cœur qui valorise les humains en les considérant comme tels et non pour ce qu'ils dégagent comme image. C'est une personne que j'ai eu la chance de côtoyer que très rarement, mais à chaque occasion, j'en suis ressorti ravi.

Le 15ᵉ anniversaire

Que la fête commence !

À l'heure où j'écris ces lignes, nous sommes dans les préparatifs des festivités du 15ᵉ. Je ne peux donc pas vous en parler vrai-

* Voir le lexique

ment, ce gros *party* comportera plusieurs surprises pour les gars et je ne veux brûler aucun *punch**.

Ce que je peux vous dire, c'est ce qu'il se produira le 15 mai 2007, au Métropolis de Montréal. Plusieurs invités de marque devraient venir souligner l'événement et la salle sera remplie d'auditeurs.

Afin de souligner cet événement en ondes, j'ai demandé à un co-pain musicien, Michel Girard, de refaire l'orchestration d'une pièce qui paraissait sur l'album VOL 94,3 : *On est quétaine.*

Cette œuvre musicale a été composée par Patrick Bourgeois (Les BB), elle a une mélodie extraordinaire comme il sait si bien les faire, que de talent ce Patrick !

Nous avons donc repris la musique et lui avons donné un style *We are the world*. J'ai écrit les paroles qui permettront à plusieurs des personnalités importantes qui sont passées dans la vie radio des Grandes Gueules de les mettre en valeur et résumer leur petite histoire. Je crois que cela sera une belle surprise pour les gars.

Autres moments importants

Surprise sur prise

Isabelle Robert des Productions Pram me contacte afin de voir la possibilité de piéger les Grandes Gueules à Surprise sur prise. L'idée fut développée, on fera semblant de piéger Jean Charest, mais dans les faits, on piégera José avec Mario comme complice. Ce fut probablement la première fois qu'on nous offrait vraiment quelque chose d'important pour les Grandes Gueules. Enfin une action qui nous donnerait un coup de pouce pour améliorer la notoriété du duo. Je remercie encore Isabelle de nous avoir fait confiance, ce fut un plaisir de travailler avec elle et son équipe et le résultat fut au-dessus de mes attentes.

Prêt Plus

Michel Guérin, directeur marketing pour Procter & Gamble, nous avait contactés afin que Mario participe à une publicité pour un de ses produits : *Prêt Plus*. Il voulait que l'on reprenne une idée américaine : l'homme au lavabo. Le concept était simple, Mario courait dans un centre d'achat en poussant un lavabo sur roulettes et demandait à des dames sur la rue de faire le test *Prêt Plus*. Ainsi, ces dames se faisaient laver les cheveux et donnaient leurs commentaires à l'écran sur la qualité du produit.

On a eu un plaisir fou à tourner ces pubs, Michel a même décidé de répéter l'expérience l'année suivante en ajoutant une variable au concept. Nous visitions les villes de Chicoutimi et Jonquière et demandions aux gens de nous dire qui, selon eux, avait les plus beaux cheveux, ceux de Chicoutimi ou Jonquière… La compétition est parfois forte en région ! Que de plaisir on a eu !

On a fait plusieurs projets avec Michel Guérin, entre autres des levées de fonds pour MIRA, il s'est même impliqué dans *Les Grandes Gueules, Le Show* en nous commanditant. À cette époque, il lançait le papier hygiénique *Charmin*. Il cherchait une façon d'effectuer le lancement et d'utiliser l'ours qui sert de mascotte au produit. Nous avons donc incorporé la mascotte au spectacle.

Anecdote : Avant le spectacle, la mascotte se promenait dans la salle et remettait des échantillons du produit. Nous avions trouvé une fa-

Autres moments importants

çon originale de présenter le produit. Nous avions fait fabriquer des pancartes en inox qui accueillait les spectateurs à l'entrée de la salle. Sur celles-ci on pouvait lire quelque chose qui ressemblait à ceci : *Charmin, le papier hygiénique le plus doux, assez doux pour essuyer des larmes… Préparez-vous à rire !* Je crois que nous avions trouvé une belle façon de promouvoir ce produit ce qui n'avait pas été évident du tout à ce moment.

Le téléthon des Étoiles

Un autre beau moment que nous avons vécu, est quand les gars ont chanté la chanson « *Smile* » au téléthon des Étoiles. Cette merveilleuse chanson écrite pas Charly Chaplin avait été arrangée à la façon *crooner* et un orchestre imposant accompagnait les gars lors de la prestation.

Anecdote : C'était la première fois qu'ils chantaient quelque chose de sérieux et ce fut diffusé à la télé en plus ! C'était très beau, je les connaissais déjà bien, mais honnêtement, c'est à ce moment que j'ai compris qu'avec un peu de travail, ils pourraient vraiment être des artistes complets, ils pourraient tout aussi bien êtres chanteurs qu'acteurs dramatiques…

Souvenirs et notes personnelles

Les Grandes Gueules changent de nom

Je vous l'ai déjà mentionné, les Grandes Gueules s'appelaient *les Amuse-Gueules* à leurs débuts. Voici ce qui a motivé ce changement de nom.

À l'époque où nous avons pris la décision, Jean-Pierre Coallier commençait une nouvelle émission de télévision qui s'appelait aussi *les Amuse-gueules*.

De plus, c'était très difficile de communiquer le nom du duo à la radio, « *vous écoutez présentement les Amuse-Gueules dans l'émission les Grandes Gueules* ». Donc, le seul nom qui circulait vraiment était celui de l'émission, *Les Grandes Gueules*. De plus en plus, les auditeurs ne connaissaient que ce nom de toute façon. Nous avons donc entrepris de rebaptiser le duo. Je suis donc allé au bureau des enregistrements et j'ai enregistré le nom comme on le fait pour une entreprise. Par la suite, j'ai inscrit *Les Grandes Gueules* comme marque de commerce. Ainsi, personne d'autre que nous ne peut utiliser ce nom au Canada.

De toute façon, l'émission de radio était basée sur José et Mario, ils ont été la seule stabilité durant toute la durée de sa diffusion. Les animateurs ont changé, l'heure de diffusion aussi, même le nom de la station est passé de CKMF à Énergie !

Les plans marketing

Au début de notre relation, nous faisions une rencontre une fois par année afin de planifier la destinée du duo. Ainsi, on se rencontrait habituellement pour souper, puis ça durait quelques jours, le temps de faire le tour de la question. Nous planifions donc nos objectifs pour les trois ans à venir et faisions le tour des réalisations de la dernière année. Il faut savoir que j'ai fait mes études en Marketing !

Ces rencontres se faisaient de façon très décontractée et nous ont souvent donné de très beaux moments.

Anecdote : je me souviens d'une des rencontres en particulier, elle avait eu lieu à Bromont. Nous étions allés souper ensemble en soirée, un sou-

* Voir le lexique

per bien arrosé. En fait peut-être trop arrosé, en d'autres mots, on avait pas mal de broue dans le toupet* ! Je nous vois encore au restaurant, bien accoté sur un xième digestif, à refaire le monde, comme ça se fait toujours dans cette circonstance. Dans le resto, il ne restait que nous et une dame assise à la table d'à côté. Étant seuls, nous avons entrepris la conversation avec elle. Elle se nommait Micheline, mais dans notre état on l'appelait : Maishhhlinnnn ! Encore aujourd'hui, cette prononciation revient comme un fantôme à toutes les fois où l'un d'entre nous prend un petit coup de trop !

Le lendemain, nous avons décidé de poursuivre notre rencontre sur un terrain de golf. José, Mario et moi avions déjà joué au Royal Bromont et avions été très mal servi… il y avait une époque où les standards du Royal étaient plutôt serrés. Nous avions donc décidé d'aller jouer ailleurs. Vous comprendrez que je ne vous dirai pas où à cause de ce qui suit…

C'est encore aujourd'hui, un des moments les plus drôles que j'ai vécu dans ma vie.

Nous arrêtons donc à un terrain que nous ne connaissions pas, un peu normal, c'est marqué nouveau partout. Nous demandons à la femme qui nous accueille si le terrain est beau. « Encore plus beau que le Royal Bromont », nous répond-elle. « OK, on va prendre trois billets s'il vous plaît. »

Je dois vous mentionner que je ne suis pas fou du golf, j'ai beaucoup de difficulté à me rentrer dans la tête que je vais passer 5 heures à sacrer après une balle qui ne va jamais dans la direction que je désire.

Mario lui, est maniaque du golf, c'est devenu avec le temps, une de ses plus grandes passions et il maîtrise bien ce sport d'ailleurs ! José pense plutôt comme moi.

Nous commençons donc notre partie et réalisons que son si beau terrain est, dans les faits, un très beau champ de patates. Ça part mal…

La partie n'allait pas très bien, nous n'avions pas vraiment de plaisir à jouer. Je ne me souviens plus vraiment à quel trou exactement nous étions rendus, je crois que c'était le seizième, mais ça s'est mis à vraiment mal aller, surtout pour José.

Il frappe sa balle, un beau coup, mais en tombant, celle-ci frappe une roche et atterrit dans une trappe de sable. On sent la pression monter. Il s'approche pour la frapper, la balle traverse le vert et va atterrir dans une autre trappe de sable. Il est rouge... Il prend le râteau pour réparer le trou qu'il vient de faire et se rentre une écharde dans la main, à ce moment, il perd la tête...

Il part en sacrant, traverse le vert en enfonçant ses crampons bien comme il le faut à chacun de ses pas et en dansant le twist, vous savez cette danse qui demande de garder ses pieds à plat au sol tout en les tournants de droite à gauche. Il était très facile de voir par où il était passé, il laissait des traces. Accompagné de sa voix qui criait : « Tein ton @#$%?& ton #$%?&* de #$%? de $%?&* de champ de patates... »

Pour ma part, j'étais couché à terre des crampes au ventre, je pleurais de rire. Il fallait peut-être être là pour le voir, je suis certain que cette description ne rend pas justice à comment ce moment fut comique.

L'accident

Un autre des moments les plus drôles s'est produit en voiture. Il s'en est passé plusieurs en voiture d'ailleurs, il faut dire que nous passions beaucoup de temps sur la route à cause du spectacle.

Nous étions à la course, rien de nouveau là-dedans. Nous étions parti de la station après l'émission et étions en route vers Terrebonne où *Les Grandes Gueules, Le Show* se produisait ce soir-là. J'étais assis côté passager dans la voiture de José et Mario nous suivait dans son utilitaire 4 × 4. José chialait, ça lui arrive assez souvent en voiture, il ne pouvait pas aller vite, Mario le suivait. Il faut savoir que Mario est toujours perdu. Nous discutions de cela d'ailleurs, et je venais de lui dire, « *Avec la circulation qu'il y a en ce moment, si Mario pense te perdre, il va accélérer, c'est un plan pour qu'il nous rentre dans le cul !* »

À ce moment précis, la circulation s'arrête brusquement devant nous, nous sommes arrêtés à quelques pouces de la voiture devant nous. José et moi avons eu le même réflexe : regarder dans le miroir et dire : « *Ah non ! C'est pas vrai* ». On entendit des pneus crier puis BANG ! Mario venait d'engloutir la valise de la voiture de José. José venait de récupérer celle-ci d'ailleurs, il l'avait prêté à son frère qui en avait eu besoin pour traîner un bateau, si je me souviens bien. Ce dont je me souviens par contre c'est que la « *boule* » était toujours installée à l'arrière de la voiture et que celle-ci a fait un méchant trou dans le radiateur du camion de Mario !

José et moi étions crampés, on ne pouvait s'empêcher de rire et Mario de nous appeler avec son cellulaire : « *Je vous vois rire mes #$%?&, le devant de mon truck est démoli, il pisse de partout, c'est plein de boucane, on fait quoi là, arrêtez de rire mes %$?&* !* »

Nous étions à peine à un kilomètre de la salle de spectacle et étions bien juste dans le temps, nous avons donc roulé jusque-là. À notre arrivée, nous avons constaté les dégâts, le camion était assez démoli en effet, celui de José n'avait presque rien.

J'ai joint un ami à nous, qui vend des voitures, et il nous a envoyé une remorqueuse pour ramasser le camion et laisser une voiture de courtoisie pendant le spectacle.

Imaginez l'ouverture du spectacle ce soir-là… ce n'est évidemment pas passé sous silence ! Pas plus que dans la semaine qui suivit à la radio d'ailleurs !

Un autre beau moment qui s'est passé en voiture… José vient d'avoir sa voiture neuve, une Volkswagen W8. Une petite bombe. Comme c'est notre habitude, nous sommes tous les deux fous des bagnoles, il me laisse l'essayer alors que l'on revient d'un spectacle à Ottawa. Je ne sais pas exactement pourquoi, mais à toutes les fois où nous sommes allés dans cette région, nous nous sommes perdus au retour. C'est donc le cas, nous arrivons à une intersection en « T » et n'avons aucune idée de quel bord tourner, il n'y a aucune indication. Je conduis, José est du côté passager et Mario est à l'arrière. Je demande donc à Mario s'il sait quel chemin nous devons prendre, sachant très bien qu'il est toujours perdu ! Il me répond de prendre la droite, je regarde José avec un sourire en coin et tourne à gauche, à peine 500 mètres plus loin, une entrée pour l'autoroute nous permettant de nous rendre directement chez nous !

Les cadeaux de Noël

Nous avions l'habitude de fêter Noël ensemble. C'était toujours de beaux moments, chacun de nous cherchions toujours LE cadeau qui ferait plaisir à l'autre. À toutes les fois que les gars venaient à la maison, ils me harcelaient pour que je leur donne quelque chose, c'était un jeu. Ils étaient à l'étape de s'installer pour vrai chacun dans leur demeure et voulaient décorer leur maison à l'aide d'antiquités qu'ils prendraient chez-moi… « *Ouin, shure !* »

Cette année-là, je n'avais pas eu, ou pris le temps de faire mes courses pour leur cadeau. Ce n'était pas grave, j'avais des ressources. Vient donc le temps de l'échange, je reçois les miens puis je les invite à me suivre au sous-sol afin de recevoir le leur. On descend, je fouille dans un *racoin** de la maison et les invite à choisir chacun un cadre parmi trois vieux cadres de miroirs qui ont l'air à moitié démantibulés. Ils semblaient ne pas trop comprendre ce qui se passait à ce moment. Je leur dis que je leur offre chacun un cadre, mais que je ne m'occupe pas de payer la restauration. Par contre, je connais un endroit qui sait comment faire et j'irai avec eux lorsque le temps sera venu. Environ une semaine après, nous nous rencontrons donc à une petite boutique du Vieux-Montréal, dans le quartier des antiquaires afin de faire évaluer le coût de la restauration. La dame regarde les cadres et fait son évaluation : pour celui-ci, qui est moins abîmé ça va coûter 1000 $ et pour l'autre 1500 $. Les gars sont abasourdis : « *Quoi ? Combien ils valent ces cadres-là ?* »

Ces cadres venaient d'un vieil entrepôt appartenant à la *Cage aux sports*. J'y avais travaillé et les avais achetés pour une bouchée de pain, alors qu'ils voulaient s'en débarrasser.

Les fameux cadres avaient une valeur, un coup restaurés, de 5000 $ à 6000 $! Ils venaient tous deux de comprendre que ce cadeau qui avait un air de « jeté à la poubelle » en était tout autrement !

  * Voir le lexique

Aujourd'hui, nous avons chacun un de ces trois cadres qui ornent nos salles à manger.

Anecdote : À une certaine époque, je représentais une dizaine d'humoristes et je recevais tout ce beau monde à souper à la maison pour Noël. Une année, ils se sont tous parlés et ont mis sur pied un gag communautaire : chacun d'entre eux est arrivé avec une bouteille de vin cheap, en fait la plus cheap qu'il pouvait trouver sur le marché. C'était bien drôle jusqu'à ce que l'un de ces clowns, Mario Tessier, pousse la farce jusqu'à mettre sa merveilleuse bouteille de Baby Duck au congélateur, dans le but évident de l'ouvrir un peu plus tard quand le party serait pris... Le problème c'est qu'en effet, le party a pris et que l'on a oublié la bouteille !

Il fallait être là pour voir l'état de la cuisine le lendemain matin... la bouteille avait éclaté dans le frigo et avait coulé partout dans la cuisine, quel dégât. Ça prend parfois un très bon sens d'humour pour travailler avec des humoristes, je vous le dis !

La Porsche de José

Ça faisait deux ans qu'il m'achalait avec ça... je vous l'ai déjà dit, José est un vrai malade lorsqu'il s'agit de bagnoles. Ça faisait environ dix ans qu'il travaillait d'arrache-pied à la radio, la scène et tout, il le méritait bien. Il rêvait d'une Porsche, pas le gros modèle, juste le petit, « *ça ferait mon affaire !* », disait-il. Il n'a jamais eu de compte à me rendre, mais il sait très bien que le fait de se promener en Porsche affiche une image et, parfois, surtout dans notre domaine, il faut savoir choisir le bon *timing* pour prendre une telle décision. Ça faisait deux ans qu'il m'achalait avec ça, je ne voulais pas, les Grandes Gueules commençaient à êtres connus, et j'avais peur que ça envoie un mauvais signal. La marge est mince entre « *c'est un parvenu* », « *il se prend pour un autre* » ou « *il le mérite* », « *je suis content pour lui* ». Pendant deux ans, j'ai donc ralenti ses ardeurs et puis un jour, lorsque j'ai senti que l'image publique ne serait pas affectée, je lui ai donné mon accord. Je le répète, il n'a pas de comptes à me rendre, mais je crois qu'il voulait ma bénédiction. J'ai encore souvenir de le voir arriver avec sa

Boxter à mes bureaux de LaSalle… il avait l'air si heureux, voyez vous-même sur la photo !

Anecdote : Cet été-là, mon meilleur ami Louis se mariait, j'étais son « best man », la cérémonie avait lieu dans les Laurentides. C'est moi qui devais le conduire à l'église. José était au courant de la situation et m'offrit sa Porsche pour le week-end. Il faut savoir que je rêve d'une Porsche depuis mon tout jeune âge. À 9 ans, ma sœur avait dépensé son seul dollar pour m'acheter un cadeau de Noël… une Porsche miniature (Hot Weel). Déjà à cet âge, ma famille savait que je rêvais d'une Porsche c'est pour dire… Il m'a vraiment fait plaisir et, encore une fois, démontré sa confiance… il aimait beaucoup cette voiture !

José et sa Porsche Boxter

Jean-Marc Parent

Le 13 septembre 2003, nous prenions un petit avion privé pour aller faire un spectacle à Hearst en Ontario. Village « gaulois » francophone entouré d'anglophones, ses habitants sont très fiers de préserver le français, à la maison comme dans la rue et avec raison d'ailleurs. Surprise, Jean-Marc Parent était aussi de la fête, tant en spectacle que dans l'avion.

* Voir le lexique

Les gars ne connaissaient pas vraiment Jean-Marc, du moins pas personnellement. Ils s'étaient rencontrés auparavant et avaient eu un petit problème qui avait donné naissance au personnage de Jean-Marc (mis au monde par Mario). Lors d'une tournée de station de radio durant la période de l'*Heure JMP*, Jean-Marc avait participé, comme invité, à l'émission des Grandes Gueules. À cette occasion, il avait été averti par l'équipe qui l'entourait de « *mettre ses running shoes* »* et de ne pas se gêner pour répondre, ils lui ont dit ; « *fais attention c'est deux p'tits criss...* » Il était donc prêt et sur ses gardes.

De leur côté, les gars attendaient Jean-Marc avec enthousiasme, WOW ! Jean-Marc Parent, l'humoriste qui remplit des forums un après les autres, celui qui a atteint le million d'auditeurs à TQS, Jean-Marc le raconteur... Dans les faits, ils voyaient Jean-Marc comme une de leur idole.

Jean-Marc est présent à l'émission, Mario fait un sketch avec Armand si je me souviens bien, et, alors qu'il prend une pause, Jean-Marc lui demande... « *À quelle heure ça va être drôle ?* » Soyons honnêtes, pour de jeunes humoristes qui commencent dans le métier, ils étaient au début de leur carrière radio, c'est plutôt difficile à prendre pour l'ego, surtout venant d'un artiste établi qui a autant d'expérience.

Par la suite, Mario a créé le personnage de Jean-Marc, c'était tout naturel, Jean-Marc est une personnalité publique, il est unique, il est inspirant pour un humoriste.

Au plus fort de la popularité du personnage, le vrai Jean-Marc était dans le creux d'une vague, disons qu'il a pris une année sabbatique qui s'est prolongée.

Nous ne savions pas les effets du personnage sur son quotidien. Nous ne savions pas comment ça a pu lui faire mal. Il nous a expliqué ça dans l'avion. Nous avions deux heures pour nous parler. Il s'est vidé le cœur, les Grandes Gueules aussi, puis, émotivement, une larme à l'œil, une réconciliation s'est effectuée. C'est ainsi qu'a pris naissance une belle amitié et complicité. Ils ne se voient pas souvent, mais à chaque fois, on peut sentir comment ils sont tous contents.

Depuis cette occasion, Jean-Marc est venu à l'émission et a même rencontré Jean-Marc le personnage. Tout le monde a bien ri et s'est bien amusé.

Monsieur l'huissier est choqué

Dans les tous débuts de l'émission des Grandes Gueules à la radio, les gars ont vécu une expérience assez particulière. Un des scripteurs avait reçu la visite d'un huissier le matin. Il était en beau cr…s, il lui vient donc l'idée d'écrire un sketch sur le sujet et n'y change même pas le nom de l'huissier en question. Il le fait passer pour un abruti… Mario, pas plus fin, c'est une façon de parler évidemment, fait le sketch en ondes sans rien y changer non plus. Cela a donné cours à une poursuite qui s'est finalement réglée hors cour… une chance que c'est la station qui a payé ! On n'était vraiment pas riche à cette période là !

José est malade – Ciao Darwin

Automne 2005, nous sommes approchés par Radio-Canada qui offre l'animation d'une émission de télévision aux gars. Ce n'est pas la première fois que l'on est approché pour faire de la télé, mais cette fois-ci les éléments semblent tous êtres en ligne pour que ça fonctionne !

L'émission s'appelle « Ciao Darwin » et se veut un gigantesque jeu télévisé, des dizaines de danseurs, 200 participants, wow !, quel show ! Ce jeu a obtenu un grand succès en Italie et dans plusieurs pays d'Europe, mais n'a jamais encore été présenté en Amérique du Nord. On aime le concept, mais reste encore à trouver le temps pour pouvoir le faire. Je négocie avec Radio-Canada, on s'entend et signe le contrat. Enfin, nous avons trouvé quelque chose de trippant qui peut *fitter** avec notre horaire.

On commence donc des réunions de préproduction, tout va pour le mieux, l'équipe est le fun, les idées émergent, tout baigne dans l'huile.

Un bon matin, lors de notre rencontre téléphonique quotidienne, José me fait part qu'il ne *feel** pas.

Mais qu'est-ce que tu as ? Je ne sais pas, je suis allé voir le docteur, il m'envoie passer des tests. Il avait commencé à être malade, il n'y a pas longtemps, il avait d'ailleurs été absent pendant une semaine de radio, ce qui n'était jamais arrivé depuis que les Grandes Gueules sont à l'antenne. Mais, il n'avait pas le choix, son médecin lui avait prescrit du repos avec insistance, si vous voyez ce que je veux dire.

Pendant ce temps, Radio-Canada me fait part de problème de disponibilité du studio 42, c'est le grand studio de Radio-Canada, et l'émission ne peut se faire ailleurs que là, c'est un show bien trop gros et il y a bien trop de monde qui y participe.

Après avoir vu plusieurs spécialistes, ils ont enfin trouvé que quelque chose n'allait pas : sa prostate. Nous étions tous inquiets, premièrement pour la santé de notre ami, mais aussi, parce que l'on avait besoin de lui en forme pour la nouvelle émission de télé !

Radio-Canada me revient donc avec un nouvel horaire, dû au taux d'occupation du studio 42. Ça n'a aucun sens… ils avaient tricoté l'horaire en fonction du temps libre des gars, ou autrement dit, les journées où ils n'étaient pas à la radio. En résumé, toutes les journées libres étaient occupées, y compris les vacances de Noël. Dans les circonstances actuelles, nous ne pouvions prendre la chance d'embarquer dans le projet, il y avait trop de risques, José étant malade, je ne crois pas que l'on aurait pu s'investir à fond tout au long du projet. La fatigue l'aurait rattrapé, il y avait trop de risques. Nous avons donc tristement reculé et mis fin au projet *Ciao Darwin*. L'équipe de Radio-Canada nous a supportés dans cette décision, même s'ils avaient investi beaucoup d'énergie et d'argent dans le projet. Je tiens particulièrement à profiter de l'occasion pour remercier Mario Clément et Dominique Chaloux pour leur compréhension.

Encore une fois l'horaire imposé par la radio nous faisait manquer un projet intéressant…

La naissance d'Enrique

Je garde un souvenir particulier de la période où le personnage d'Enrique fut créé. Nous étions en tournée de spectacle. Avant les spectacles, toute l'équipe était dans les loges et chacun se préparait pour la soirée. L'ambiance était décontractée, tout le monde faisait des blagues, les gars s'habillaient et avaient chacun leur petite routine pour évacuer le trac provoqué par l'adrénaline d'avant spectacle.

Nous avions un numéro de danse dans le spectacle : Les Ricky Éklésias. Ce numéro avait nécessité des dizaines d'heures de répétition et beaucoup d'argent avait été investi pour la création des costumes. Un chorégraphie exaustive avait nécessité au moins 60 heures de répétition. Celle-ci avait étét crée par Dominque, la conjointe de Mario. Ce numéro se voulait une satire comique de deux chanteurs qui avaient décidé d'épouser le style espagnol pour réussir parce que c'était à la mode. Les personnages n'existaient que pour ce numéro, ils n'avaient pas encore de vie, le public ne les connaissait pas encore.

Pendant qu'il s'habillait, José avait pris l'habitude de parler avec un accent espagnol, il nous faisait rire, c'était probablement sa façon à lui de sortir son stress. De fil en aiguille, il trouvait des expressions, il créait une vie à ce personnage sans nom ni histoire.

Puis, une rencontre magique…

Enrique Iglesias, le vrai, était en ville pour donner son spectacle. Comme ça se produit souvent, les gars étaient invités à y assister. José et Mario ont même eu la chance de le rencontrer après le spectacle. C'est à ce moment que l'illumination fut. Ça faisait environ deux ans que José *gossait** la voix de ce personnage, un peu comme un sculpteur *gosse* son bout de bois, mais là, il venait de trouver le style, le nom et la vie de ce personnage tout d'un coup : Enrique Eglesias (pour le nom du personnage, nous avons changé le « I » de Iglesias pour un « E »).

Anecdote : Quand ils sont en création de personnages, autant José que Mario « vivent » leurs personnages. Quand on se parle au téléphone, ils les testent avec moi. Il faut dire que je ne ris pas facilement, comme ils disent, « quand notre gérant rit, y faut que ça soit drôle... » Ils ont chacun leurs habitudes... José utilise les termes « Eille le grand ! » en début de conversation et termine celle-ci par « Get the fuck ! ». C'est sa façon de me dire bonjour ou salut ! Mario quant à lui, a son style aussi, « Hey Hey hey ! Qu'est-ce que tu fais ? » en introduction, ou bien « Quessé le problème ? Le gérant y rappelle pas son artiste dans ce show-là ? » à la Eddy Shack Gauthier. Lorsque je l'appelle, il utilise une autre méthode en criant « Quoi quoi quessé que tu veux ? ». D'une façon ou l'autre, ils ont toujours leur méthode bien à eux et originale de répondre lorsque c'est moi qui appelle !

Les fans... sont fous !

Le public Québécois est extraordinaire, c'est bien connu. Quand on y pense, c'est un des rares endroits où les paparazzis ne peuvent vraiment gagner leur vie, du moins pas encore. Je crois que c'est dû au fait que les Québécois sont, pour la grande majorité, respectueux de la vie privée. Bien sûr, ils sont intéressés à connaître les dessous de la vie des artistes qu'ils chérissent comme partout ailleurs, mais ils le font avec retenue et respect.

Le public des Grandes Gueules constitue ce que je crois être la crème de la crème. Je l'appelle affectueusement la secte. Ils ne manquent pas une occasion de démontrer comment ils aiment José et Mario, comment ils apprécient leur travail. Ils les considèrent comme leurs amis. Depuis que l'on a fait l'annonce du départ de la radio, nous avons reçu des milliers de courriels, les fans sont déçus, mais supportent la décision des gars. Ils disent qu'ils vont les suivre dans leurs projets futurs et les remercient pour toutes ces belles années à la radio. Je dois avouer que ces actions ont beaucoup aidé les gars, il y a toujours une incertitude liée à une telle décision. Ils avaient peur que les auditeurs soient déçus, qu'ils leur en veuillent, qu'ils se sentent abandonnés. Selon les témoignages recueillis à ce jour, ce n'est pas le cas et c'est tant mieux.

Il nous est arrivé de rencontrer des fans qui étaient prêts à tout pour « leurs » Grandes Gueules. À un point tel que je considère qu'ils ont sérieusement sauté la clôture !

En voici quelques exemples :

Le tatouage…

Tatoo / 15 ans tatoué Grandes Gueules

Le 15 février 2007, dans le cadre des festivités du 15e anniversaire des Grandes Gueules à la radio, l'équipe de promotion de la station avait organisé une opération partout à travers le Québec : Tatoué Grandes Gueules ! Les auditeurs étaient donc invités à afficher leur attachement pour les gars en se faisant tatouer. Le tatouage était, bien évidemment un décalque qui, dans les meilleures conditions, pouvait durer une semaine. En d'autres mots, il partait au lavage ! Chacun des auditeurs qui se faisaient tatouer avait une chance de gagner, si un auditeur se faisait tatouer dans le front, il avait deux chances plutôt qu'une.

Un des animateurs d'une station d'Abitibi, a poussé la farce en ondes et a dit qu'il donnerait 50 chances de gagner à l'auditeur qui se ferait tatouer pour le vrai. Et bien, croyez-le ou non, trois auditeurs ont répondu à l'appel... Ils sont aujourd'hui tatoués Grandes Gueules pour la vie !

Je vous l'ai déjà dit, les gars rencontraient les spectateurs après chacun des spectacles, parfois cela a donné l'occasion de rencontrer du bien drôle de monde...

Plusieurs fois, des fans demandaient un autographe, parfois à des endroits un peu bizarres, un sein, une fesse ou les deux ! Sans gêne, ils levaient leur chandail ou baissaient leurs culottes devant tout le monde... Je dois être vieux, c'est une attitude que je ne comprends toujours pas.

Je me souviens aussi d'un fan qui leur avait offert sa blonde... « *Tu vas voir, elle s...e en maudit, essaye-la !* » Le plus bizarre c'est que ladite blonde était à ses côtés et faisait un signe de tête de haut en bas (signifiant oui) pendant toute la durée de son exposé...

La palme d'or revient toutefois à ce fan qui leur avait offert sa carte professionnelle en disant : « *Vous voulez quelque chose, un gun, de la coke, je peux même vous obtenir un tank ou un jet de l'armée si vous voulez, prenez ma carte !* » Il était, de toute évidence, associé au monde criminalisé et vivait très bien avec le fait, au point de donner sa carte... Il était assez sûr de lui, c'est le moins que l'on puisse dire. À bien y penser, il était peut-être juste fou !

De toute façon, ce métier nous permet de rencontrer toutes sortes de gens, parfois un peu bizarres, mais la plupart du temps extraordinaires. Le public, les fans, les auditeurs, peu importe le nom que l'on vous donne, on ne trouvera jamais les mots pour vous dire un merci à la hauteur de tout ce que vous nous avez donné.

Photos : Michel Gagné / Richard Pichet

Les animateurs radio

Comment passer sous silence les animateurs qui ont participé à cette merveilleuse expérience :

Mario Lirette et les Grandes Gueules

Mario Lirette

Communicateur radio extraordinaire, il a transmis sa passion aux gars en plus d'être le premier à croire en leur capacité de faire de l'humour à la radio. Il a incité les dirigeants de l'époque à les essayer et ainsi leur a donné leur première chance. Merci encore Mario.

Christian Thétrault

Christian fut l'un des animateurs importants de l'émission, il a laissé des traces, on a qu'à penser au personnage Ron Strudel, c'est Christian qui a trouvé le nom de ce personnage et c'est en son honneur que celui-ci (Ron) appelle tout le monde Christian.

Photo : Michel Gagné

Christian Tétrault et les Grandes Gueules

André Ducharme

L'ex-RBO fut aussi animateur de l'émission pendant environ un an, je crois. Homme de radio, il faut se souvenir que les gars de RBO ont marqué la radio communautaire à CIBL lorsqu'ils se sont rencontrés à l'université. André a laissé la radio depuis, mais est toujours très présent dans l'univers artistique, il travaille entre autres avec Guy A. Lepage à l'émission « *Tout le monde en parle* » et, je suis certain qu'il fait un excellent travail d'ailleurs puisque, de mémoire, André ne négligeait jamais la préparation nécessaire au bon fonctionnement de l'émission et cette attitude n'a sûrement pas changé avec le temps !

André Ducharme, Christian Tétrault et le Grandes Gueules

Pierre Pagé

Ceux qui suivent les Grandes Gueules à la radio depuis assez longtemps savent que Pierre a animé l'émission pendant plusieurs années. Lorsqu'il fut décidé de donner de nouveaux défis à Pierre, animer et surtout remonter l'émission du matin, ce fut une grande décision pour toute l'équipe tant celle qui était en ondes que celle qui supportait l'émission (administrateurs de la station, scripteurs...) Défi que Pierre a relevé avec brio d'ailleurs. Pierre était comme de vielles chaussettes confortables, on à peine à s'en défaire. Il a fallu tout revoir, tous les *running gags** devaient être reconstruits, les personnages devaient poursuivre leur chemin avec un complice en moins et un nouvel animateur en plus ! Le passage de Pierre dans l'émission a donné des moments ex-

* Voir le lexique

traordinaires, plusieurs d'entre eux sont mémorables. Plusieurs fois, les gars n'arrivaient pas à terminer leurs sketches, la folie s'étant installée et les fous rires les étouffant !

Yves Laramée

Lorsque l'émission des Grandes Gueules était diffusée le midi dans toutes les stations Énergie du Québec sauf à Montréal qui elle la diffusait au retour à la maison, Yves Laramée était l'animateur le midi. Il a donc contribué, avec sa belle grosse voix FM, au développement de l'émission réseau en devenir.

Richard Turcotte et les Grandes Gueules

Richard Turcotte

Sans contredit, le plus *tough** des animateurs qui a pris la barre de l'émission, c'est celui qui l'anime depuis le plus longtemps… six ans, quelle endurance ! Blague à part, c'est tout un mandat qui fut donné à Richard, il devait remplacer Pierre qui, soyons honnêtes, était installé dans une position plutôt confortable à l'époque. Richard a fait ses armes à la radio régionale, en Abitibi et en Estrie. Lorsqu'il fut recruté, il était l'animateur vedette de CIMO-FM, la station Énergie de Sherbrooke. Il effectuait un travail extraordinaire dans le marché de Sherbrooke à l'aide de sa très petite équipe, il contrôlait les heures d'écoutes BBM. Nous avions eu le plaisir de le rencontrer à quelques reprises lorsque les gars faisaient des tournées de promotion, et ce fut toujours un plaisir. Richard est très professionnel et est un animateur radio hors pair.

Ce fut donc une très grande décision pour lui que de laisser cette chaise confortable pour venir dans la grande jungle montréalaise. De plus, il devait déménager sa famille et dans ce *business*… Il n'y a jamais rien de garanti, mais Richard est un homme de défi et il a prouvé à tout le monde qu'il savait comment les relever et gagner !

Je profite de ces quelques lignes pour remercier, en mon nom et celui des Grandes Gueules, chacun de ces animateurs. Sans vous, les Grandes Gueules ne seraient pas ce qu'elles sont.

Les personnages

Ti-Mé (*Mario*) Ti-Mé est l'ancêtre de Ti-Rouge. Pour effectuer son entrée en ondes, il descendait d'un poteau de pompier et atterrissait dans des casseroles. Ti-Mé était en ondes avec Mario Lirette

Sa phrase fétiche : *Yagedi, yageda…*

Ti-Rouge (*Mario*) La voix de Ti-Rouge est inspirée d'un cousin de Mario, celui-ci, lors d'une rencontre familiale lui avait demandé : « *me passes-tu 2 $ jusqu'à la prochaine paye* », mais Mario de répondre : « *tu ne travailles même pas, c'est quand ta prochaine paye ?* » Cela n'en prenait pas plus pour que Mario soit inspiré pour créer Ti-Rouge, l'un des personnages les plus populaires.

Sa phrase fétiche : *Y'en a pas d'job !*

Ce personnage a un caractère diamétralement opposé à celui de Mario puisqu'il est paresseux et sans-cœur. Personnage attachant, Ti-Rouge est devenu célèbre lorsqu'il a commencé à faire ses coups de téléphone.

Armand (*Mario*) Le personnage d'Armand est inspiré de plusieurs personnes âgées ayant passées dans la vie de Mario… Même si ce passage s'est fait en 10 secondes au dépanneur !

Il est devenu Armand, le père à José, quand le vrai père de José a commencé (sûrement par fierté) à répandre la nouvelle qu'il était son père à tout le monde qu'il rencontrait.

Armand fut baptisé par Mario Lirette. À ses débuts en ondes, il avait la voix plus grave… Sans trop de raison, celle-ci est devenue plus aiguë avec le temps.

Sa phrase fétiche : *je regardais ça là…*

L'Esprit (*Mario*) Le personnage de L'Esprit ne venait en ondes que pour faire des quickys, il était de l'ère Lirette et récitait des extraits de phrases de la bible, puis y ajoutait son commentaire propre.

Sa phrase fétiche : *Ouin… c'est l'Esprit*

Les personnages

Madame Lalancette (*Mario*) La voix de Mme Lalancette est fortement inspirée de celle de la mère de Mario, elle faisait son entrée en ondes et criait après l'animateur Mario Lirette.

Fait marquant, ce personnage a été mis à mort en ondes et tous les autres personnages sont venu lui rendre hommage posthume : « *Bon débarras !* »

Sa phrase fétiche : Elle disait « *j'ai dit non…* »
L'épelait : « *o… u… i…* » puis répétait : « *Non !* »

Caresse d'amour (*José et Mario*) : Caresses d'amour était une parodies satirique de *soap* américains, un peu comme *Le cœur a ses raisons* aujourd'hui. José y jouait le rôle de Laurin et Mario ceux de Samantha et Élizabeth. Les sketches de caresses d'amour étaient les premiers qui étaient préenregistrés.

C'est avec un de ces sketches que les gars ont fini deuxièmes au Québec aux auditions Juste pour rire, c'est aussi cette idée qui leur a permis d'entrer à l'École nationale de l'humour.

Jean-Marc Parent (*Mario*) Nul besoin d'expliquer d'où provient ce personnage puis que je l'ai déjà ne fait dans le présent ouvrage

Sa phrase fétiche : *On est tous pareil Rhahhhh !*

Claire Voyante (*José*) inspirée de Josélito Michaud (sa voix ou sa façon de s'exprimer), au début Claire était une voyante, par la suite, elle est devenue lesbienne et a été amputée, il arrive souvent que les personnages vivent des expériences hors du commun, cela dépend habituellement de la qualité de la drogue des scripteurs ! (*rires*) Elle fait toujours ses entrées en ondes avec un coup de poêlon à l'animateur.

Sa phrase fétiche : *Attention, attention, parce que Claire Voyante à rennnnnnnntre…*

Sébastien (*José*) Homosexuel, ce personnage tripait littéralement sur l'animateur Mario Lirette. Il appelait en ondes et tentait de séduire Mario en lançant des phrases du style : « *Mario, sais-tu*

où je suis présentement... Je suis dans une salle d'essayage chez Woolco et tu sais quoi ? Y'a pas un vendeur qui me fait ! »

Sa phrase fétiche : *Aiiiiiiiiiiiiiiiiiiiiiô !*

Monsieur Quintal (*José*) Gérant d'artiste inspiré de Pierre Dubord et Guy Cloutier, deux gérants d'artistes bien en vue à l'époque. Il avait la manie de vouloir gérer tous les artistes qui étaient invités dans l'émission. Il trouvait toutes sortes de façon de les courtiser, souvent en leur exposant ce qu'il ferait pour lancer ou relancer leur carrière. La plupart du temps, la carrière des invités allant plutôt bien, il leur proposait tous les moyens loufoques qui lui passaient par la tête, rien ne se tenait, rien ne faisait de sens, mais les artistes invités riaient à leur goût ! Il faut dire que M. Quintal était une faible exagération du style réel des gérants de l'époque.

Sa phrase fétiche : *On graisse les gars et S.T.P. productions* (Star Trek Productions)

Eddy Shack (*Mario*) En voyage au Venezuela, José et Mario ont rencontré un anglophone qui disait réellement : Chien vache, voici d'où vient l'inspiration de ce personnage.

Au début Eddy avait une fixation sur Elvis et tentait, de tous les moyens possibles de prouver qu'il n'était pas mort. Maintenant, Eddy est connu pour ses *Top 8 lists**.

Sa phrase fétiche : *Ouin c'est quoi le problème... et Chien vache !*

Pol Poirier (*Mario*) Pol se voyait être le frère du célèbre négociateur : Claude Poirier. À ses débuts d'ailleurs, M. Poirier n'aimait pas beaucoup le personnage ou ce qu'il lui était reporté... Mario et le vrai Claude Poirier ont fait connaissance à l'émission de François Morency (*Merci bonsoir*) lors d'un sketch (*Qui est le vrai Claude Poirier ?*). Les téléspectateurs devaient différencier le vrai du faux, entre le vrai Claude Poirier, Mario Tessier et Éric Nolin. Selon la rumeur, c'est à partir de ce moment que son opinion a changé et qu'il a compris que Mario le parodie avec respect et que les auditeurs apprécient le personnage !

Sa phrase fétiche : *Alors évidemment c'est moi, Pol Poirier !*

Les personnages

Nowhere Frosty (*José*) C'est alors qu'il devait simplement être un faire-valoir dans un sketch de Pol Poirier que Nowhere est né. Pol interviewait le chef de police, qui, en passant, était bien gelé. Le rôle était joué par José qui l'a aimé au point d'en faire un personnage réel et complet.

Sa phrase fétiche : *Blue eyes, baby's got blue eyes nananana, nananana... Hello ?*

Yashim (*José*) Ce personnage est inspiré d'un garagiste qui travaillait au coin de la rue où José et Mario habitaient. Ils partageaient, à cette époque, un appartement sur la rue Messier à Montréal.

Ce personnage existait pour vrai, il a la même voix que le propriétaire du fameux garage. Selon les dires de José et Mario, les situations vécues par le personnage sont à peine exagérées.

Sa phrase fétiche : *Ding ding non de Dieu !*

Monsieur Marteau (*José*) M. Marteau est menuisier, tous ces propos sont reliés à la construction. On ne sait pas d'où viens la voix de M. Marteau mais, c'est celle-ci qui a inspiré celle du « gars de La Tuque ».

Sa phrase fétiche : *2 par 4, pop rivet.*

Anecdote : je me souviens d'un gag de ce cher M. Marteau : « M. Marteau pour vous aider : quand votre laveuse refuse de laver, quand votre sécheuse refuse de sécher et quand votre four refuse de fourrer ! »

Ron Strudel (*Mario*) Animateur sportif, la voix de ce personnage est directement inspirée de Ron Fournier, Pierre Trudel et Michel Bergeron qui sont des animateurs connus.

Pour ce qui est des habitudes et façon de penser : tous les animateurs de lignes ouvertes y ont mis du leur sans le savoir !

Le nom Ron Strudel a été trouvé par Christian Thétrault. Ron fait toujours son entrée en ondes les culottes baissées, du moins jusqu'à ce qu'il réalise qu'il est en ondes...

Sa phrase fétiche : *Eille Christian, bla bla bla, ben écoute Christian…*

Robert (*José*) Ce personnage est inspiré du caractère et mentalité du vrai père de José, sa voix est inspirée des parents de Daniel Germain, un ami de polyvalente des gars, qui avait pour mère une ancienne religieuse, alors que son père était concierge de l'immeuble qu'ils habitaient.

Sa phrase fétiche : *Salut les crottés !*

Lucien Bouchard (*Mario*) Inspiré de l'ancien premier ministre qui faisait bien rire Mario, car, il ne riait jamais, semblait ne pas avoir le temps d'avoir du plaisir et paraissait très autoritaire

Sa phrase fétiche : *Je suis le Premier ministre moi, Monsieur !*

Jocelyne (*José*) Il y a plusieurs années, José en vacances en République dominicaine avec Véronique, sa conjointe du temps, a eu sa première *tourista** de sa vie. Cela n'a aucunement rapport dans l'histoire autrement que cela fait en sorte qu'il se souvient très bien du voyage… C'est pendant cette semaine de vacances qu'il a rencontré la dame qui a inspiré le personnage de Jocelyne. Par la suite, le personnage prit sa forme actuelle (voix et caractéristiques) en s'inspirant de la voix et vie de sa sœur, qui, à l'époque, avait un conjoint nommé Gilles qui travaillait réellement pour Yum Yum !

Sa phrase fétiche : *Allô chère, c'est Jocelyne top modèle !*

Stéphane Sansoucy : (*José*) C'est encore en voyage, cette fois-ci à Puerto Vallarta qu'il rencontra un gars qui vendait des huîtres sur la plage en criant : « *fresh oissssssssters* » en sifflant, ce fut assez pour donner la voix à ce personnage (après beaucoup de pratique). La mentalité du personnage est quant à elle inspirée d'un des cousins de José.

Anecdote : au début, ce personnage avait un frère qui sifflait lui aussi, en fait, il s'agissait des frères Sansoucy. José faisant Stéphane alors que Mario personnalisait son frère. Avec le temps, Mario cessa de faire le frère afin de laisser toute la place à Stéphane ce qui rendait la tâche plus facile afin de lui créer une vie propre à lui !

* Voir le lexique

Sa phrase fétiche : *Salut les chummy !*

Jean Charest : (*José*), Inspiré de son homonyme, le premier ministre... je n'ai rien à dire de plus !

Sa phrase fétiche : *C'est moi Jean Charest, chef du premier ministre du Québec !*

Stéphane Ouellet (*Mario*) C'est alors qu'il regardait l'émission de télé *110%* que Mario avait vu le « vrai » Stéphane Ouellette. Celui-ci avait répondu à une très longue question à développement par la réponse : « *Et voilà...* »

Mario avait bien ri et il s'est mis à le parodier sur-le-champ !

Sa phrase fétiche : *Y fessait, y fessait, jab, jab, uppercut...*

Michel Tremblay (*Mario*) Mario a vu le célèbre écrivain en entrevue à l'émission de télévision *Le point J*. À cette occasion, M. Tremblay a dit : « *Comment vas-tu ?* » Mario il a craqué et s'est mis à le parodier immédiatement.

Sa phrase fétiche : *Allô, c'est Michel Tremblay le célèbre écrivain québécois, comment vas-tuuuuuuuuuuuu ?*

Le gars de La Tuque (*José*) Alors que l'émission se transformait en émission réseau, les gars avaient pris la décision qu'ils avaient besoin d'une ville du Québec afin d'en faire une tête de Turc provinciale. En séance de *brainstorming*, ils décidèrent que ce serait La Tuque. Janel Leclerc, un des scripteurs est né à La Tuque, il n'en fallait pas plus pour le taquiner... L'idée étant lancée, il ne manquait plus qu'une voix et ils ont choisi de prendre celle de M. Marteau et la modifier quelque peu, celle-ci étant déjà une voix de *cave* !

Sa phrase fétiche : *À La Tuque...*

Marie-Carmen : (*José*) C'est lors d'un concours à l'antenne, dans l'émission diffusée à l'heure du dîner, qu'un auditeur avait chanté une chanson de Marie-Carmen en ondes. Cette prestation a inspiré José la création du personnage. La voix lui avait été présentée sur un plateau d'argent.

Sa phrase fétiche : *Tendresse, tendresse, j'veux d'la tendresse.*

René Angélil (*Mario*) C'est lorsque Céline et René se sont mariés avec des chameaux dans le décor, que Mario a été inspiré afin de parodier René. Comme il le dit : « *il a couru après !* »

Anecdote : Ce n'est un secret pour personne, René Angélil est un des propriétaires du club de golf le Mirage, la légende veut que c'est alors qu'il prenait possession de sa voiture après un match que René a entendu pour la première fois un sketch le mettant en vedette… les employés qui faisaient le lavage des voitures changeaient les postes de radio afin d'écouter Les Grandes Gueules !

Jacques Rougeau (*Mario*) À une certaine époque, Mario, jouait au hockey le dimanche pour les super étoiles du Journal de Montréal. Il avait alors rencontré le célèbre lutteur qui faisait aussi parti de l'équipe. Connaissant maintenant un peu Mario, M. Rougeau lui avait téléphoné afin de le solliciter pour qu'il parle à la radio du gala de lutte familial qu'il produisait. Mario étant absent, M. Rougeau lui avait laissé un message sur le répondeur. À l'écoute, Mario n'a pu s'empêcher de constater que le ton du message était celui d'un lutteur en promotion, c'est ce qui lui a inspiré l'idée de parodier M. Rougeau !

Sa phrase fétiche : *Pardon, c'est le lutteur Jacques Rougeau, j'espère qu'ça va bien, content de vous voir les Grandes Gueules !*

Thunder (*Mario*) Alors que nous étions en tournée avec le spectacle *Les Grandes Gueules, Le Show*, Vincent Fournier, qui occupait le poste de directeur technique, s'étant imaginé que le chanteur de AC/DC avait la même voix lorsqu'il parlait que lorsqu'il chantait. C'est avec sa permission que Mario a commencé à faire la voix de personnage, il a imaginé une vie de « rock star fini » afin de lui créer un univers. À chaque fois qu'il prononce son nom, son thème musical se fait entendre.

Sa phrase fétiche : *Eille salut… (noms de villes) salut tout le monde, c'est moi Thunder… Gariépi, chus une ancienne rock star ouais Monsieur…*

George Brassard (*Mario*) C'est en voyant le célèbre entomologiste en entrevue à la télévision, que Mario a été inspiré pour ce personnage. Son existence, en tant que personnage, fut de courte durée, l'espace de seulement quelques sketches.

Sa phrase fétiche : *Regarde-moi ce spécimen, exxxxxxxtraordinaire !*

Enrique Eglesias : (*José*) J'ai déjà raconté la naissance du personnage d'Enrique, je ne me répéterai donc pas. Ce personnage a, par contre, une particularité dont je ne vous ai pas parlé. Dès sa première parution, les auditeurs et membres de l'équipe l'ont adopté et aimé ce qui est plutôt rare. Habituellement, il faut installer la voix, la vie et l'environnement du personnage avant que le feu pogne !

Sa phrase fétiche : *Coucou, c'est moi, Enrique Eglesias, le chanteur sensuel, je suis tellement sensuel que...*

Pierre Éric Frigo (*Radio Joe Dassin*) (*José*) Ce personnage est inspiré des animateurs de nuit à la radio. Ils ont la particularité de ne pas avoir de contraintes de temps et peuvent donc parler très longtemps sans pauses... souvent, ils parlent pour ne rien dire ou simplement pour tuer le temps, comme cet attachant personnage. Son entrée en ondes se fait par un changement de poste à la radio.

Sa phrase fétiche : *il est présentement 2 heures 7 du matin !*

José Théodore (*José*) C'est alors que le célèbre gardien de but du Canadien de Montréal, du moins à cette époque, étant le porte-parole pour la chaîne de restaurants Mikes que José (Gaudet) fut inspiré pour créer ce personnage.

Dans cette publicité, José Théodore disait : « *pour moi être un professionnel...* » Il n'en fallait pas plus, un « monstre » était né ! Alors que l'idée fut emmenée dans une rencontre avec leurs scripteurs, José et Mario se battaient afin de savoir lequel des deux auraient le privilège de s'approprier le personnage.

Encore aujourd'hui, ce personnage est l'un, sinon LE personnage qui fait en sorte que le sketch est difficile à compléter et ce, du au fait que les gars ne cessent de rire au point de sortir du contexte. Son entrée en ondes se fait avec la voix d'un annonceur, un peu comme celui du Centre Bell, lorsqu'il nomme la première étoile du match.

Sa phrase fétiche : *Pour moi être un professionnel... bonne chan* !

Jean Marie Biensûr (*Mario*) Jean Fils Aimé était passé dans l'émission *La belle et McLeod*, il parlait de sciences occultes, il a un doctorat en sciences religieuses (D.W.S.) et peut-être aussi un doctorat en *vaudouisme* ! Fait particulier, ce sont les phrases qui passent le temps et qui n'ont pas rapport, qui sont devenues un des éléments les plus forts du personnage, plus important encore que l'histoire qu'il vient nous raconter !

Sa phrase fétiche : *Mais bien sûr, et c'est normal, n'est-ce pas, et pourtant* !

Grégory Charles (*Mario*) Suite au lancement de son spectacle En noir et blanc, on voyait Grégory partout en entrevue. Il expliquait que sa mère est blanche et son père noir. Mario a donc eu l'idée de le caricaturer en s'inspirant de tous les rôles que Grégory a eu tout au long de sa carrière.

Sa phrase fétiche : *HRRRR, c'est sûr que tu as raison là-dessus...*

Anecdote : Dans un de ses sketches, Mario expliquait que Grégory étudiait ses encyclopédies alors qu'il était à la toilette. Lorsque le vrai Grégory a entendu parler du personnage... il a écouté l'émission et le trouvait exagéré : « Je ne suis pas comme ça... » Puis, avec un peu de recul, il réalisa que c'est vrai, il étudie vraiment des encyclopédies alors qu'il est à la toilette... Ce fut très drôle lorsqu'en ondes dans l'émission, il le confirma aux gars !

Guy Cloutier (*Mario*) À la première année de l'émission de *Loft Story* (à TQS produit par Guy Cloutier lui-même !), fier de s'associer à ses commanditaires, le vrai Guy a nommé tous ceux-ci en entrevue. La *plug** était tellement exagérée qu'il a nommé les maisons Bonneville trois fois. De plus, il disait souvent : « *c'est ma dé-*

couverte… » afin d'encenser ceux qui participaient à l'émission. Il profitait de sa tribune pour *pluguer** tous ses artistes ! Mario, qui le connaissait, a remarqué ce trait de caractère et s'est mis à le parodier. Hélas, il dut cesser de faire ce personnage, qu'il aimait tant et qui faisait le bonheur des auditeurs à cause des tristes événements que l'on connaît !

Sa phrase fétiche : *J'l créais pas, j'pleurais, j'manquais d'eau !*

Guy B. Laplage (*Mario*) Avec le succès de l'émission *Tout le monde en parle*, les Grandes Gueules ne pouvaient faire autrement que de parodier Guy A. Mario a juste exagéré ses traits de caractère, soit le fait que Guy paraisse sûr de lui, c'est un *leader…* La satire de l'émission est aussi un *pattern** en or puisque celle-ci se prête bien lorsque les gars reçoivent un invité dans leur émission de radio.

Sa phrase fétiche : *Bravo, bravo, Salut c'est Guy B.*

Gilles Vigneault (*Mario*) plusieurs fois, alors qu'il participait à des émissions de télévision, M. Vigneault portait un chandail à col roulé bleu bébé, de plus, Mario trouvait qu'il se tenait la tête par en arrière. M. Vigneault étant moins présent qu'autrefois dans les médias, il arrivait souvent qu'il participe à ces émissions dans la période entourant les festivités de la Saint-Jean-Baptiste.

Probablement parce que c'est un événement qui lui tient à cœur ! Il n'en fallait pas plus pour que ce soit un trait de caractère du personnage, le personnage vit maintenant à l'heure de la Saint-Jean, que ce soit Noël, n'importe quelle autre fête, pour lui, c'est toujours la Saint-Jean.

Sa phrase fétiche : *Ah ben, ça fait plaisir !*

Ah, en passant, pour se rendre à Natashquan… « *c'est pas compliqué. Tu roules sans arrêt pis, quand tu es au bout de la marde, tu tournes à droite, si tu es en taxi, quand le meter** revient à 0 té rendu !* »

Stand-up (*José*) C'est alors que les gars animaient les auditions *Juste pour rire* ainsi des shows de bar, qu'ils réalisèrent que, bien souvent, les *stand-up comics* n'avaient pas de talent, leurs sketches n'avaient pas de gags, mais cela ne les empêchait pas d'avoir beaucoup de confiance en eux et beaucoup d'arrogance... Cela a inspiré José. Il aime beaucoup ce personnage parce qu'il lui permet une plus grande flexibilité quant à la limite de ce qu'il peut dire (plus *hard*, il peut s'en permettre plus qu'à l'habitude)

Sa phrase fétiche : *c'est n'importe quoi ça !*

Yves Corbeil (*Mario*) C'est en voyant Yves Corbeil animer *Roue de fortune* que Mario fut inspiré à parodier ce personnage. Voyant les tirages effectués dans la cour des concurrents, il imaginait cet animateur, pris avec des gens qui n'ont jamais fait de télé et qui fait semblant d'être intéressé par leurs propos. Il le voyait comme un pro qu'il est, voguant sur son expérience et utilisant des *patterns* établis afin de livrer la marchandise.

Sa phrase fétiche : *Oui oui oui oui, c'est pas beau ça, c'est merveilleux !*

Jean-Yves Simard (*Mario*) Dans toutes les grosses compagnies, il y a quelqu'un d'engagé aux ressources humaines, pour t'endormir, permettre des coupures déguisées et te faire avaler la pilule. Astral étant devenu une grosse boîte... c'était une référence facile et actuelle. La personne responsable des ressources humaines peut, selon Mario, dépenser 100 000 $ pour couper 10 000 $, et ce, juste pour justifier son poste. Elle te demandera ton opinion, afin de te montrer que tu fais partie de la décision alors qu'elle est en train de te *brainwasher**.

Sa phrase fétiche : *C'est quoi ton feeling là dessus...*

Daniel Boucher : (*José*) Le maintenant célèbre chanteur a visité les gars deux fois en studio, il semble toujours être en train de composer quelque chose. Il est vrai que Daniel Boucher semble vivre dans sa tête. C'est un poète, dans le sens du mot que l'on connaît. Il ne répond jamais rapidement, il semble réfléchir à tout ce qu'il dit avant de le dire... Comme Mario le dit avec humour : « *pourquoi être simple quand on peut être compliqué* ».

Sa phrase fétiche : *AHHH oui, AHHH oui... Eille Dieu !*

* Voir le lexique

Pape Benoît XVI (*José*) Le nouveau pape allemand, Benoît XVI a succédé à Jean-Paul II qui était très charismatique. Il souffre donc de cette situation, le remplaçant d'une grande vedette n'est jamais aussi bon que son prédécesseur. Il a donc souffert de la comparaison, et ce, dès son arrivée au pouvoir. De plus, il a créé beaucoup de controverse dès qu'il a été élu. José a donc décidé de jouer sur les contrastes et d'en faire un personnage : un pape aimant la guerre !

Sa phrase fétiche : *Tuer, tuer, tuer !*

Rona : (*José*) Quand Mario a construit sa maison, José s'est souvenu de ses expériences vécues… ce qu'il vivait avec les gens qu'il rencontrait dans le monde de la construction. De plus, son voisin de chalet est tout un spécimen… on le surnomme Rona parce qu'il a tout à portée de la main dans son garage personnel. Il ramasse tout, il a tout en *stock*. Quel beau personnage naturel.

Sa phrase fétiche : *Gaétan es-tu là ? Pryer, Pryer… ciment is the best !*

Pierre Lapointe (*Mario*) C'est quand il a entendu la pièce : dans *La forêt des mal-aimés*, que Mario fut inspiré pour faire ce personnage. Pierre Lapointe a une voix à part, à tout le moins peu commune par rapport à ce qui joue à la radio habituellement. Mario trouve que celle-ci ressemble à celle de Giligan des *Joyeux naufragés* ! Il en a fait un petit gars à maman.

Sa phrase fétiche : *Dans la forêt des mal-aimés, oui maman !*

Jack Bauer : (*José*) Comme plusieurs personnes, José a complètement accroché sur la série télévisée *24 heures chrono*. Cette série est très populaire tant aux États-Unis qu'au Canada. Il a simplement pris le personnage principal et a exagéré ses traits de caractère.

Sa phrase fétiche : *We don't have much time.*

Myriam Bédard (*Mario*) Les récents événements que Miriam Bédard a vécus, n'ont pu faire autrement qu'intriguer Mario au point d'en faire un personnage. C'est en effet plutôt cocasse quand on y pense : elle se sauve aux États-Unis avec sa fille illégalement ainsi que son copain qui est, ou ressemble à un Arabe, et semble s'imaginer qu'elle sera bienvenue !

Elle prétend être victime d'un complot, et affirme avoir perdu son commanditaire parce qu'elle en savait trop à propos de l'histoire des commandites. Comme Mario le dit si bien… « *j'ai décidé de la faire en personnage parce qu'elle court après !* ».

Sa phrase fétiche : *Chus pas folle !*

Il existe aussi une série de personnages qui ont duré moins longtemps, qui n'ont pas fait l'équipe, soit parce qu'ils avaient un univers trop mince ou simplement par manque d'inspiration nécessaire afin de leur créer une vie intéressante. Voici la liste :

Igor (*José*)

Le « gros noir » de la ligne verte (*Mario*)

Klouck (*José*)

Alain Sécur … Pas trop nerveux ! (*Mario*)

Joseph le concierge (*José*)

Madame Cantine (*Mario*)

Paule, la secrétaire de Michèle Richard (*Mario*)

Nicole (*Mario*)

Jean Lapointe (*Mario*)

Mélissa (*Mario*)

Cougar (*Mario* et *José* l'ont fait !)

Rabbit Dick (Mario)

Les honneurs

Radio : Émission quotidienne du lundi au vendredi de 15 h 30 à 18 h sur tout le réseau Radio Énergie (Montréal, Québec, Outaouais, Estrie, Mauricie, Saguenay–Lac-Saint-Jean, Rouyn-Noranda, Val-d'Or, Drummondville, Rimouski).

Gagnants du Ruban d'or
meilleure émission d'humour au Canada 2000

Gagnants du Ruban d'or
meilleure émission d'humour au Canada 2001

Gagnants du Ruban d'or
meilleure émission d'humour au Canada 2002

Honoré d'un Micro platine
par l'Association canadienne des radiodiffuseurs

(C'était la première fois qu'une émission de radio francophone rejoignait plus de 1 000 000 de personnes (BBM))

Gagnant de l'Olivier pour
Émission d'humour humoristique de l'année 2005

Gagnant de l'Olivier pour
Émission d'humour humoristique de l'année 2006

Disque : Les Grandes Gueules Le Disque
Gagnant du Félix : meilleur album humour 2002

Poursuite Le Disque
Gagnant du Félix : meilleur album humour 2004

Les Grandes Gueules Live
Gagnant du Félix : meilleur album humour 2005

Le Show : En nomination comme spectacle de l'année (humour) à l'ADISQ (2000)

Certifié 50 000 billets par l'ADISQ, le spectacle a toutefois été vu par plus de 200 000 personnes si on compte les quelques festivals auxquels les Grandes Gueules ont participé.

Le DVD : CERTIFIÉ Quintuple platine (50 000 copies vendues certifié CRIA)

Ce qui constituait à cette période un record de ventes au Canada.

Télé : L'émission spéciale d'une heure Les Grandes Gueules TV a été diffusée sur le réseau TVA le 4 avril 2004 et a rejoint 1 219 000 personnes.

Discographie

Les Grandes Gueule Live 2
- Édition spéciale Dualdisc, CD/DVD
Paru le 24 octobre 2006

Les Grandes Gueule Live
- Édition spéciale Dualdisc, CD/DVD
Paru le 30 novembre 2004

Les Grandes Gueule Live
- CD
Paru le 5 octobre 2004

Les Grandes Gueule Poursuite
- CD
Paru le 7 octobre 2003

Les Grandes Gueules Le Show
- (VHS/CD) et (DVD/CD)
paru le 29 octobre 2002

Les Grandes Gueules Le Disque
- CD
Paru le 23 octobre 2001

VOL 94,3 - CD

Lexique

« Ce lexique n'est pas tiré de livres scientifiques, mais plutôt de la définition que l'auteur accorde aux mots utilisés dans le présent ouvrage... il n'a pour but que de mieux vous expliquer ses expressions personnelles et les anglicismes qu'il a utilisé dans ce livre . »

« **Avoir de la broue dans le toupet** »

[*expression*] état apparent d'une personne ivre ou ayant subi les effets de l'alcool.

« **Boutte** » [*expression*] limite, fin, il y a toujours un boutte, il y a une toujours limite, il y a toujours une fin.

« **Brainwasher** » [*anglicisme*] lavage de cerveau, art d'influencer son interlocuteur lors d'une conversation ou discussion sans que celui-ci ne s'en rende compte. Endormir son interlocuteur.

« **Brainstormer** » [*anglicisme*] remue-méninges, art de chercher des idées en groupe. Souvent, chacun laisse dériver sa pensée, dit n'importe quoi, la synergie du groupe fait en sorte que la connerie que l'un vient de dire peut faire surgir une bonne idée de la part du suivant à prendre la parole.

« **Bunker** » [*expression*] maison, repère, résidence servant de bureau à des groupes de motards criminalisés.

« **Cheap** » [*anglais*] bon marché ou mesquin, qui a peu de valeur ; être cheap avec quelqu'un, de mauvaise foi.

« **Dream team** » [*anglais*] équipe de rêve, équipe de travail constituée de tous les éléments humains souhaitables afin de réaliser ses objectifs, les meilleurs qui soient.

« **Feel** » [*anglicisme*] ressentir, il ne feel pas bien, il ne se sent pas bien.

« **Fitter** » [*anglicisme*] ajuster, fitter avec notre horaire, s'y conformer.

« **Game** » [*anglais*] jeu, ne pas jouer de game, ne pas faire semblant.

« **Garrocher** » [*expression*] se précipiter, se garrocher, aller trop vite pour rien, anticiper une décision.

« **Gérant** » [*expression*] imprésario

« **Gosser** » [*expression*] utilisation de la parole afin de ne pas lâcher prise lors d'une conversation, gosser jusqu'à ce que l'autre abdique, gosser un bout de bois, sculpter un bout de bois, gossait, gosser au passé.

« Hard »   [*anglais*] oser, dur, un gag hard, un gag osé, dépassant les limites établies, dépassant les bornes.

« Hot »   [*anglais*] bon, se croire hot, se croire, bon, se penser bon.

« Insécure »   [*expression*] anxieux, souffrant d'insécurité.

« Jammer »   [*anglicisme*] improviser, rassemblement de musiciens qui jouent de la musique ensemble sans préparation, sans feuille de musique.

« Joke »   [*anglais*] farce, gag.

« Meter »   [*anglais*] compteur, outil électronique permettant la mesure, dans le cas du présent ouvrage, un odomètre.

« Mettre ses running shoes »
[*expression*] souliers de course, garder l'esprit vif.

« Momentum »   [*anglais*] moment idéal, art de garder l'esprit du moment.

« Négos »   [*expression*] négociations.

« Pacing »   [*expression*] ordonnancement, ordre que prendront les éléments dans un spectacle. Décision de mettre en ordre quel gag viendra en premier, à quel endroit un numéro sera placé ou dans un spectacle.

« Party »   [*anglais*] fête, faire un party, faire la fête.

« Pattern »   [*anglais*] modèle, ordre établi à l'avance, ordre habituel.

« Plug, pluguer » [*anglicisme*] publicité clandestine, art de nommer un commanditaire ou partenaire afin que celui-ci reçoive la faveur du public.

« Punch »   [*anglais*] surprise, brûler un punch, échapper de l'information et ainsi atténuer ce qui aurait dû être une surprise.

« Quicky »   [*anglicisme*] sketch ou phrase d'une durée maximale d'une minute permettant d'entrer en ondes, sans prétexte réel, juste dans le but de faire un gag (sans histoire) Ex. : L'Esprit, à La Tuque…

« **Racoin** » [*expression*] petit emplacement non utilisé dans une pièce.

« **Radioromans** » [*expression*] autrefois à la radio, jeu de nombreux acteurs afin de nous présenter une situation, art de jouer un roman à la radio.

« **Remote** » [*anglais*] de l'extérieur, fait d'être diffusé à partir d'un endroit à l'extérieur du studio.

« **Running gag** » [*anglais*] gag à répétition, idée de structure utilisé souvent faisant en sorte que l'auditeur est familiarisé avec sa façon d'être présenté, ou, le même gag utilisé a plusieurs sauces.

« **Scrapper** » [*anglicisme*] détruire, jeter, mettre à la poubelle.

« **Sold-out** » [*anglais*] à guichet fermé, faire un spectacle devant une salle comble.

« **Squeegees** » [*expression*] laveur de pare-brise, désignation de groupe de personne à la mode punk qui ont l'habitude d'offrir le lavage de vitre de voiture sur le coin des rues afin de gagner quelques dollars.

« **Teamwork** » [*anglais*] travail d'équipe, travailler en équipe avec le respect de ses coéquipiers.

« **Timing** » [*anglais*] synchronisme, avoir un bon timing, être à temps, chronologie détaillé d'un processus quelconque.

« **Tough** » [*anglais*] endurant, qui a de l'endurance, qui utilise sa patience.

« **Top 8 list** » [*anglais*] liste d'éléments mis en ordre prioritaire décroissant, de 8 à 1.

« **Toune** » [*expression*] chanson, texte mis en musique.

« **Tourista** » [*expression*] forme de maladie que l'on attrape lorsque nous allons en vacances dans le Sud, où il fait chaud. Mot populaire provenant du mot touriste (vacancier, voyageur étranger).

« **Winnebago** » marque populaire d'autocaravane.

Remerciements

La publication de cet ouvrage et son vécu n'auraient pu être possibles sans l'aide de plusieurs personnes que j'aime et respecte.

À José Gaudet et Mario Tessier, merci d'être-là, de faire partie de mon quotidien tant comme partenaires d'affaires que comme amis, *votre rencontre fut et est toujours un moment important dans ma vie tant professionnelle que personnelle.*

À ma famille : Jean-Denis, Monique, Sylvie, Céline, Alex, Fredou, Philippe et Vicky, *Merci de ne m'avoir jamais laissé tomber malgré toutes les fois où je vous ai négligé au profit de mon travail.*

À ma conjointe Manon et ses enfants, Samuel et Sarah-Jane : *merci de faire partie de mon quotidien, de supporter mes sautes d'humeur et tous ces moments où je m'isole dans ma tête malgré votre présence si chaude à mon cœur.*

À tous ceux qui m'ont prouvé mille fois être des amis sincères : Louis Panneton, Daniel Demontigny, Normand Racine, Alain Lapointe, Jocelyn Trottier, Luc Thibault, François Pilon.

Ma gang de pêche : Robert, Ti-Guy, Jean-Luc, Alain et Pierre. *Maudit que je trouve ça plate la pêche mais, maudit que j'ai du fun avec vous autres !*

L'écriture de ce livre n'aurait pu être possible sans la participation de tous les gens qui ont contribué à son histoire.

Ceux avec qui j'ai travaillé, et travaille encore souvent, au quotidien : Bruno Cook, Julien Laverdière, Maurice Courtois, Marie-Lucie Guimond, Sylvie Savard, Richard Pichet, Jonathan Laberge, Michel Girard.

L'ancienne gang du temps de Radar : Caroline Poulin, Renée Charron, Nancy Truesdell, Stéphane Fortin, Michel Gagnon, Caroline Perreault, Valtère Thériault, Lucie Guillemette, Nathalie Rhéaume.

Les animateurs : Mario Lirette, André Ducharme, Pierre Pagé, Christian Thétrault, Yves Laramé et Richard Turcotte.

Les scripteurs (équipe actuelle ou ceux qui sont passés un jour) : Danis Durocher, Stéphane Gouin, Janel Leclerc et Sylvain Rouillé,

Remerciements

Rémi Bellerive, Jean-Marie Corbeil, Caroline Gauthier, Simon Gravel, Neilson Harvey, Isabelle Lapérière, Jean-François Léger, François Havard, Mike Ward.

La gang d'Énergie (aujourd'hui et à travers les années) : Jacques Parisien, Charles Benoît, Luc Sabatini, Luc Tremblay, Sylvain Légaré, Robert Beaudry, Normand Beauchamp, Danielle Caron, Alain Bourque, Sylvain Simard, Jean Alexandre, Johanne Cloutier, Sylvie Morissette, Stéphane Raymond, Sylvia Côté, Josée Mailhot, Marie-Pierre Cole, André Lallier, Yves Guérard, Martine Rioux, Chloé Boissonneault, Louis Pelletier, Pascal Dutton, Josée Mailhot, Julie Bergeron, Martin Tremblay, Danny Pearson, Sonya Hanafi, Frédérique Blaive, André Allard, Christine Montreuil, Nathalie Johnson, Nadia Bilodeau, Denis Daoust, Martin Champoux, André Clermont, Alain Cyr, Ricky Dee, Guy Aubry, Pierre Lacasse, Yves Laramé, Pierre Ouimet, Pierre Pagé, Didier Schrannen, François Toupin, André Doucet, Suzanne Sylvano, Benoit Lévesque.

Ceux de l'industrie : Pierre Dumont, André-Roch Fortin, Jonathan Fortin, Isabelle Robert, François Simard, Dominique Chaloux, Mario Clément, Renée Boucher, Francine Dubois, Marcel Alexander, Jean Brouillard, Monique Léonard, Chantal Cayer, Michel Guérin, Bernard Caza, Luc Wiseman, Monic Lamoureux, Yves-François Blanchette, Sylvie Rochette, Chantal Brisson,, Pierre Marchand, Robert Migué, Pierre M. Robitaille, Pierre Séguin, Pierre Senez, Rick Edwards, Richard Goudreau, Jean Kohnen, Guy Latraverse, Jacques Primeau, Réjean Villeneuve, Édouardo Dacosta, Jean-François Amiot, André Barbe, France Boulanger, Diane Coudé, Paul Dupont Hébert, Catherine Fournier, Frédéric Janel, Luc Daoust, Vincent Fournier, Mathieu Larivée, Michel Gagné, Agnès Gaudet, Aldo Giampaolo, Robert Gigère, Sean O'Donnel, Louis Hébert, Pierre Huest, Louis-Philippe Martin, Manon McHugh, Marc Plana, Jean-François Planteblat, Louise Richer, Jean Rouleau, Stéphane Roy, Éric Vincent.

Les émissions de télévision qui ont accueilli les Grandes Gueules : Flash, Caféine, Salut Bonjour, La Fureur, Tout le monde en parle, On a pas toute la soirée, Humour P.Q., Escales et découvertes, Belle et bum, Bon baisers de France, Demandes spéciales, Des vertes et des pas mûres, Droit au cœur, La fosse aux lionnes, L'heure de gloire, Le match des étoiles, On ne ment que deux fois, Parti pour l'été, Sans détour, Le gala des Oliviers, Le gala de l'ADISQ, les galas Juste pour rire, Des squelettes dans le placard, Les missions de Patrice, Michel Jasmin, R-Force, Deux filles le matin, Devine qui vient ce soir !, Sucré Salé, Ça tient la route, Donnez au suivant, Au dessus de la mêlée, 110 %, Véro, Dans ma caméra, Ricardo et Cie, Merci Bonsoir, Le téléthon des Étoiles, La revanche des Nerds, Les quilles à TQS, Les Incontournables, Tous les matins, en plus des réseaux : Musique Plus, Musimax, LCN, Canal VOX, Radio-Canada, TVA et TQS.

Les artistes : Guy A. Lepage, Josélito Michaud, Éric Lapointe, Peter McLoed, Mario Pelchat, Martin Petit, Dominique et Martin, Paul Rivard, Julie Snyder, Mike Gauthier, Chantal Lacroix, Véronique Cloutier, Pierre Marcotte, Patrick Bourgeois, Bruno Landry, Jean-Marc Parent, Patrick Huard, Sylvain Cossette, Martin Deschamps, Boum Desjardins, Chantal Lamarre, Isabelle Racicot, René Simard, Marie-Chantale Toupin, Rosie Yale, Stéphane Rousseau, Anthony Kavanah, Corneille, Patrick Normand, Ginette Reno, Stéphane Bachand, Jean-François Breau, Gino Chouinard, Nic Payne, Éric Salvail, Rémi Girard, Marie-José Croze, Régis Levesque, Jacques Rougeau, Guillaume Lemay-Thivierge, Maxime Martin, Marc Déry, Garou, Louis-José Houde, André Robitaille, Les BB, Mario Pelchat, Claudine Desrochers, Lara Fabien, Alexandre Despatie, Grégory Charles, Dany Bédard, Bruno Pelletier, Gabriellle DesTroisMaisons, Martin Matte, Joël Legendre, Antoine Bertrand, Louis Morissette, Laurent Paquin, Daniel Boucher, Sylvain Marcel, Sophie Faucher, Yves Corbeil, Marc Dupré, Jean-Michel Anctil, les Mec-comiques, Annie Brocoli, Wilfred Leboutiller, François Pérusse, Michel Côté, Denis Deyoung, Simple Plan, RBO, Mad Dog Vachon, Stefie Shock, Réal Béland, Lise Dion, Dominique Michel, Jean Leclerc (Leloup), les artistes de Star Académie, Okoumé, Les Cowboys Fringants, Les Porn Flakes, Kain, Marie-mai, Rick Hughes, Les trois accords, Normand Brathwaite, ainsi que plusieurs autres qui ne me viennent pas à l'idée présentement, mille excuses !

Remerciements

Les médecins : Christian Dutil, Alain Larouche, René Morel, Jean-Pierre Janotte.

Les avocats : Sylvain Lauzon, Paul-André Mathieu, Marek Nitoslawski, Marc-André Laroche.

Du monde de la politique... André Boisclair et Jean Charest, encore une fois... pas de commentaires !

Un merci particulier à Daniel Demontigny, Sylvain Tremblay et à ma conjointe Manon pour leurs commentaires au sujet du présent livre.

À Michel Saint-Laurent, Monique Clairoux, Michelle Bélanger et Manon Huppé pour la révision des textes.

À Martine Gamache pour avoir donné vie à notre micro de par ses illustrations.

Ainsi qu'à Julie Niquet, une fidèle auditrice depuis les tout débuts pour m'avoir donné accès à ses archives personnelles.

Je m'excuse pour ceux que j'oublie, cela ne vous enlève pas l'importance que vous avez pu avoir dans nos réalisations.

Annexes

Annexe 1 : Les Grandes Gueules VOL 94,3

Liste des pièces (cassette) :

Introduction
L'Esprit
Stéphane Sans-Soucy /
L'école de Stéphane Sans Soucy
Sébastien 1
Les Petits procès
Armand 1
Ti-Rouge 1
Sébastien 2
Démangeaisons
Robert 1
L'Esprit 2
L'école des fans
Armand 2
Urgence
Robert 2
Caresses d'amour
Eddy Shack
Love is in the shrung (chanson)
M. Quintal
Hous' Hass
La vie des gens vieux
Sébastien 3
Paul et Nowhere
L'Esprit 3
Passe-Yashim
Ti-Rouge 2
Armand 3
Claire Voyante
Sébastien / Gilles Proulx
Robert 3
Mange d'la dinde (chanson)

Liste des pièces (CD):

Introduction
Bulletin spécial / Pol Poirier
L'accident du beau-frère /
Robert
L'esprit 1
Caresses d'amour
Échange inter hospice /
Armand
On est quétaine (chanson)
Sébastien 1
Les petits procès
Chronique nécrologique pour
animaux / Claire Voyante
J'ai travaillé au Grand Prix /
Ti-Rouge
L'Esprit 2
Y'en a pas d'job (chanson)
Son chien Kraft Dinner /
Nowhere Frosty
Le journal du midi (avec le vrai
Gilles Proulx)
Sébastien 2
Top 8 des signes que tu manques
de sexe / Eddy Shack Gauthier
Les suppositoires à la menthe /
M. Quintal
Bulletin spécial 2 / Pol Poirier
Mange d'la dinde (chanson)

Annexe 2 : CD édition spéciale limitée
Spectrum de Montréal

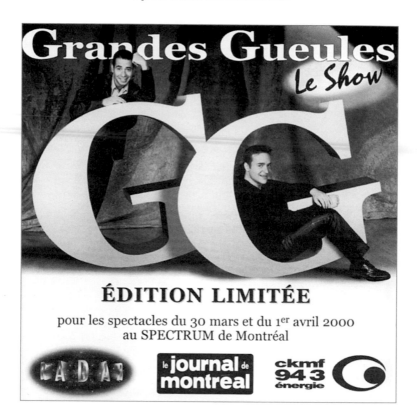

Liste des pièces :

Message des Grandes Gueules
Joceline / voyage à Nounagoutelefish (Pôle Nord)
Eddy Shack Gauthier / Top 8 list des signes qu'un gars a besoin de Viagra
Nowhere frosty / Nowhere encyclopédia : la ferme
Michel Tremblay avec Sylvain Cossette
Stéphane Sans-Soucy / son audition pour faire du doublage de film
Ti-Rouge / Album BS-tendresse
Claire-Voyante / ninfo night life
Armand / perdu dans le Bronks à N.Y.
Robert / Opéra Notre-Dame de Paki !
Jean-Marc Parent / Sa discothèque mobile au salon funéraire
Gilles et Jocelyne / je t'aime moi non plus (chanson)
En fin de semaine j'me pogne le beigne (chanson)

Annexe 3 : Les Grandes Gueules Le SHOW
(VHS/CD) et (DVD/CD)
« Certifié quintuple platine »

 José Gaudet et Mario Tessier

Liste des pièces :

VHS – Spectacle intégral
DVD – Spectacle intégral et extras
    Les Ricky Éklésias
    Medley de personnages
    Stand-Up de José à 15 ans
    Stand-Up de Mario à 15 ans
    L'arrière scène
    Cubana Calor
    Réno Bilot
CD inclus
    René Angélil / Vision mondiale
    Jocelyne / Cabane à suce
    Ti-Rouge / Donnez de vos nouvelles
    Enrique Iglesias / Le répondeur
    Armand / James Bond
    Stéphane Sans Soucy / Pétro-Canada
    Steph Ouellette / Le cadre de porte
    Robert / Véro enceinte
    Michel Tremblay / Gogo boy
    Jean Charest / Conférence RBO
    Vignault / Le collet roulé récréatif
    M. Quintal / On graisse les gars
    Ron Strudel / Centre Bell
    Claire Voyante / Butch du monde
    Eddy Shack / La chasse Top 8
    Nowhere Frosty / Les effets spéciaux

Annexe 4 : Les Grandes Gueules Le disque
« Gagnant du Félix / album de l'année humour 2002 »

Liste des pièces :

Conversation inutiles
Eddy Shack Gauthier / Sondages inutiles
Les Ricky Éklésias (chanson)
Jocelyne / Le ménage du printemps
Armand / Maman Dion
Pensées Latuquoises
Nowhere Frosty / Questionnaire de police
René Angélil / Okoumé
Nowhere Frosty / Hein ?
Robert / La blonde à Daniel
Conversation inutile
Ron Strudel / Who want's to be a Christian
Stéphane Sans-Soucy / La circulaire
Eddy Shack Gauthier / Ça ne m'intéresse pas
M. Quintal / Les reality shows
Ti-Rouge / Exorcisez le démon du travail
Pensées Latuquoises / Grand-Maman
Jean Charest / La conférence de presse
Steph Ouélet / La boxe
Conversation inutile / Mon boss
Pol Poirier / Phil la marmotte
Michel Tremblay / Les bandes dessinées
Claire Voyante / Nymfonightlife
Robert / La chasse à l'indou
Latino Noël (chanson)
Les cloches molles (chanson)
Congédions le Père Noël (chanson)
Les Ricky Éklésias (dance mix) (chanson)

Annexe 5 : Les Grandes Gueules Poursuite

« Gagnant du Félix / album de l'année humour 2004 »

Liste des Pièces :

Ti-rouge / Nabisco
Radio Joe Dassin / Mojopoly
René Angélil / Problèmes de jeu
Enrique / Détacteurs de mensonges
Steph Ouellette / Le Lifeguard
M. Quintal / Cash-t-in
Ron Strudel / Le dossier Théodore
Claire Voyante / Nouvelle Blonde
Vignault-vs-Lapointe
Jean Charest / Traîneau à chien
Rougeau / Combat avec un ours
Stéphane Sans Soucy / Match d'étoiles de quilles
Armand / La fête du Pape
Robert / Les demandes de Rollande
Pol Poirier / Normétal
Nowhere Frosty / Le hamac
Eddy Shack Gauthier / Top 8 Gynécologue
Jocelyne / Le ménage du sous-sol
Ron Strudel / Hommage aux appeleux de ligne ouvertes
Marie-Carmen / Contes pour enfants
Radio Joe Dassin / Lettres à Bertrande
Mange d'la dinde (chanson)

Annexe 6 : Les Grandes Gueules Live
« Gagnant du Félix / album de l'année humour 2005 »

Liste des pièces :

Radio Joe Dassin / L'accouchement
Ti-Rouge / Les médicaments
Jacques Rougeau / Ma nouvelle blonde
Ti0Rouge / Poupée défectueuse
Jocelyne / Les extra-terrestres
Ti-Rouge / Lave-auto
René Angélil / Million mondial
Ti-Rouge / Mille et une plante
Nowhere Frosty / sports mixtes `
Eddy Shack Gauthier / Squeegee
Robert / Les plus beaux souvenirs
Ti-Rouge / Top gun courrier
Vignault / La ville non mixte
Théodore / L'épluchette de pads
Ti-Rouge / Poissonnerie moderne
Armand / En route vers l'hospice
Claire Voyante / Wall Disney !
Ti-Rouge / Association des Pères Noël
Thunder / Tournée mondiale
Ti-Rouge / Atelier roue de vélo
Enrique / Aux danseuses
Ti-Rouge / Vidéotron
Steph Ouellet / Chez l'hip-knock-tiseur

Annexe 7 : Les Grandes Gueules Live 2

*« Trop tôt à l'écriture du livre
pour vous dire s'il a gagné quoi que ce soit ! »*

Liste des pièces :

René Angélil / René est blasé

Stéphane Sana Soucy / Les siamoises

Ti-Rouge / Comment je fais mes coups de téléphone

Jocelyne / Gilles super héro

Jean-Yves Simard / Richard est mis à la porte

Rona / Rénove les monuments

Thunder / Le procès

Pierre-Éric Frigo / Théâtre de marionnettes

Rougeau / 30 ans de lutte

Benoît XVI / Évangile selon Steven

Eddy Shack Gauthier / Top 8 que tu sors avec une femme trop vieille

Jocelyne / Le petit chien

Pol Poirrier / Pet shop

Stand-up / Le mariage de son frère

Jean-Marie Biensur / l'accouchement

Enrique / Échange de couple

à suivre...